TaVe

Wahre Geschichten

AUS

THÜRINGER SCHLÖSSERN

Aufgeschrieben
von Wilfried Warsitzka

TAUCHAER VERLAG

WAHRE GESCHICHTEN NR. 16

Warsitzka, Wilfried:
Wahre Geschichten aus Thüringer Schlössern/Wilfried Warsitzka
1. Aufl. – [Taucha]: Tauchaer Verlag, 1994.
ISBN 3-910074-24-3

Satz, Reproduktion, Druck und Buchbinderei:
Offizin Andersen Nexö Leipzig GmbH
Printed in Germany
ISBN 3-910074-24-3

INHALT

Vorwort 6

Der Prinzenraub zu Altenburg 9

Katharina die Heldenmütige 19

Der Gespensterherzog 31

Das Zauberschloß der Frau von Stein 41

Sträflingsrevolte auf dem Lichtenberg 54

Goethe in Dornburg 63

Quellenverzeichnis 79

VORWORT

Thüringen wird oft als das Land der Burgen und Schlösser bezeichnet. In der Tat findet man zwischen Werra und Saale auf vielen Höhen Burgen und in nicht wenigen Städten ein Schloß oder gar mehrere Schlösser.

Besonders burgenreich ist das Saaletal. Der Fluß war bis ins zehnte Jahrhundert hinein Grenzscheide zwischen dem Deutschen Reich und den Slawen im Osten. Viele der Burgen und Schlösser längs der Saale mögen auf frühe Befestigungen zurückgehen, die dem Grenzschutz dienten. Der Sage nach soll der thüringische Herzog Radulf um 640 eine Burg an der Stelle des späteren Rudolstadt gegründet haben. Sicher handelte es sich bloß um einen wallumzogenen hölzernen Wachturm. Feste Steinburgen wurden in Deutschland erst ab dem zehnten Jahrhundert errichtet. Dornburg, als Kaiserpfalz unter Otto I. 937 erstmals urkundlich erwähnt, geht möglicherweise auf eine der Befestigungsanlagen zurück, die Heinrich I. zum Schutz gegen die Einfälle der Ungarn errichten ließ. Die Leuchtenburg dagegen war vermutlich von Anfang an ein befestigter Herrensitz, der zu Beginn des dreizehnten Jahrhunderts von dem Geschlecht der Herren von Lobdeburg errichtet wurde, um territorialen Besitz zu sichern.

Während die Mehrzahl der Burgen lediglich zur Verteidigung eingerichtet, dumpf, eng und ungemütlich waren, entwickelten sich einige zu großen befestigten Residenzen. Am bekanntesten davon ist die Wartburg, lange Zeit Residenz der Thüringer Landgrafen, welche die Anlage zu einer prächtigen Pfalz ausbauten. Auch die Runneburg bei Weißensee, die Neuenburg an der Unstrut und die Creuzburg an der Werra gehören dazu.

Im Osten Thüringens war die Kaiserpfalz in Altenburg Zentrum eines von Friedrich Barbarossa geschaffenen Reichsterritoriums, des Pleißnerlandes.

Nachdem sich in der Kriegsführung die Feuerwaffen durchgesetzt hatten, verloren die meisten Höhenburgen ihre militärische Bedeutung. Einige versuchte man zu Festungen auszubauen, wie die Leuchtenburg. Andere verfielen, da sie sich nicht als Wohnsitze eigneten. Wieder andere wurden zu Schlössern umgebaut. Das betrifft beispielsweise die alte markgräfliche Burg von Eisenberg, die Wasserburg Kochberg, die Pfalz Altenburg, die obere Burg in Rudolstadt. In Rudolstadt, Altenburg und Eisenberg entstanden zu einer Zeit, als Thüringen in zahlreiche kleine und kleinste Fürstentümer zersplittert war, die prächtigen Residenzen prunkliebender Landesherren. Oft, wie in Eisenberg und Rudolstadt, überstiegen die Baukosten die Finanzkraft der kleinen »Landesportionen« und ihrer verarmten Einwohner.

Der Landadel eiferte den großen Herren nach.

Die Herren von Schönfeld bauten die Wasserburg Kochberg, einst Stammburg des gleichnamigen Rittergeschlechts, zu einem repräsentativen Landsitz aus, mußten aber schließlich aus Geldmangel die halbfertige Anlage an die Freiherren von Stein verkaufen. Auch das kleine Gutsschloß in Eishausen bei Hildburghausen war Landsitz des niederen Adels. Schauplatz einer der merkwürdigsten Begebenheiten in der thüringischen Vergangenheit, wurde es leider 1873 abgerissen.

Worin besteht nun der besondere Reiz dieser alten Bauwerke? Doch sicher zu einem erheblichen Teil darin, daß Phantasie und Überlieferung die meisten von ihnen mit einem Kranz von Sagen und Geschichten umgeben haben. Ein beinahe klassisches Beispiel ist die Wartburg mit ihren Landgrafensagen. Menschliche Schicksale, sagenhaft oder auch durch zeitgenössische Quellen bezeugt, sind es also, die unsere Vorstellungskraft beim Besuch eines dieser Zeugen der Vergangenheit anregen. Wie haben die Bewohner hier gelebt? Was mag sich alles zwischen den alten Mauern abgespielt haben?

Und jedes dieser Bauwerke hat eigene Geschichten aufzuweisen. Einige der interessantesten aus Thüringen Schlössern sind auf den folgenden Seiten zusammengetragen.

Um die Mitte des 15. Jahrhunderts befand sich die stolze Kaiserpfalz Altenburg schon lange nicht mehr in der Gewalt des Reiches. Zweihundert Jahre früher war sie samt dem umliegenden Pleißnerland als Pfand in die Hände der Markgrafen von Meißen aus dem Hause Wettin gefallen. Obgleich König Rudolf von Habsburg das Pleißnerland 1290 wieder zugunsten des Reiches eingezogen hatte, war es den Wettinern gelungen, sich abermals in den Besitz Altenburgs und seines fruchtbaren Umlandes zu setzen und beides zu behaupten.

Markgraf Friedrich der Streitbare war zudem 1423 von Kaiser Sigismund mit dem Herzogtum Sachsen-Wittenberg und der damit verbundenen Kurwürde belehnt worden – als Dank für die Dienste, die er dem Reich gegen die Hussiten geleistet hatte. Fünf Jahre nach seiner Erhebung starb der erste wettinische Kurfürst auf dem Altenburger Schloß. Sein Nachfolger wurde Friedrich der Sanftmütige. Unter dessen Regierung diente die ehemalige Kaiserpfalz nur gelegentlich als Residenz der Fürstenfamilie. Eine kleine Besatzung unter dem Befehl des Burgvogtes hielt das Schloß verwahrt, wenn der Kurfürst in Torgau oder Meißen residierte.

Eine Zeitlang war der Ritter Kunz von Kauffungen Burgvogt auf Schloß Altenburg. Er stand bei dem

Kurfürsten in Gunst und brachte es später bis zum Hofmarschall. Als zwischen Friedrich dem Sanftmütigen und dessem Bruder, Herzog Wilhelm dem Tapferen von Sachsen, der »sächsische Bruderkrieg« ausbrach, focht Kunz im Dienste des Kurfürsten. Er war ein mutiger, unerschrockener Gefolgsmann, der sich bereits in den Kriegen gegen die Hussiten hervorgetan hatte.

Der Krieg forderte auch von Kunz Opfer. Der Ritter verlor seine thüringischen Güter. Bei der Eroberung und Brandschatzung von Gera durch die Söldner Herzog Wilhelms kam er in Gefangenschaft und nur durch ein Lösegeld wieder frei. Als 1451 durch den Naumburger Frieden der Bruderkrieg beendet war, verlangte Kunz von Friedrich Entschädigung. Der Kurfürst antwortete, Kunz habe nicht als Lehnsmann, sondern auf eigene Faust gedient und müsse daher das Lösegeld selber tragen. Was aber den Ausgleich für die Kriegsschäden betreffe, so habe das ganze Land gelitten, wen solle man da zuerst zufriedenstellen? Er werde sich zufriedengeben, versicherte der Ritter, wenn man ihm die Viztumschen Güter zu Lehen überlasse.

Auf diesen Vorschlag konnte der Kurfürst beim besten Willen nicht eingehen. Der Friedensvertrag verlangte eindeutig, daß alle Besitzungen ihren Eignern zurückgegeben werden sollten. Kunz von Kauffungen weigerte sich jedoch, die betreffenden Liegenschaften auszuliefern. Daraufhin ließ ihn Friedrich mit Gewalt daraus vertreiben.

Diese Handlung verübelte der Ritter dem Kurfürsten über alle Maßen: Er wollte sich nicht wie ein Knecht abfertigen lassen. Empört verließ er den kurfürstlichen Hof, bestand aber nach wie vor auf eine Entschädigung für seine Verluste. Der Fürst, der nicht ahnte, wie tief er seinen Hofmarschall gekränkt hatte, bot an, ein Schiedsgericht entscheiden zu lassen. Schöppen und Rechtsgelehrte beschäftigten sich nun mit dem Streitfall. Für den 24. Juni 1455 lud man Kunz nach Altenburg, am folgenden Tag sollte der Richterspruch fallen. Der Ritter war mit dem ganzen Verfahren, insbesondere der Auswahl der Schiedsrichter nicht einverstanden. Überall witterte er neue Ausflüchte und Winkelzüge.

Er kam nicht wegen des Richterspruches nach Altenburg, sondern hatte in der Zwischenzeit einen eigenen Plan ersonnen. Schweren Schrittes sah man ihn durch Gänge und Zimmer gehen, scheinbar ohne Ziel, aber in Wirklichkeit alle Treppen und Zugänge ausspähend. Vor Jahren war er hier Burgvogt gewesen, aber indessen hatte sich manches verändert, und nicht jeder Zugang des Gebäudes war ihm genau im Gedächtnis geblieben.

Bei diesem Rundgang durch das Schloß soll ihm der Kurfürst begegnet sein. Maßlos erbitterte Kunz der Anblick dieses Mannes, für den er einst sein Leben in die Schanze geschlagen hatte und von dem er sich so treulos hintergangen glaubte. Die Zeit werde kommen, wo er sich für die Mißachtung seiner Dienste an des Fürsten eigen Leib und Blut rächen werde, drohte er Friedrich ins Gesicht. Der Kurfürst lächelte und antwortete: »Mein Kunz, siehe zu, daß du mir die Fische in den Teichen nicht verbrennst!« Doch der Ritter hatte seine Drohung, wie Friedrich meinte, nicht nur so hin gesprochen. Es war ihm bitterer Ernst damit. Dem Küchenjungen Hans Schwalbe hatte er eine Anstellung im Schloß besorgt und reichen Lohn versprochen, wenn er ihm über alle Vorgänge am Hof des Kurfürsten auf dem Laufenden halte.

Kunz verließ Altenburg, ohne den Bescheid des Schiedsgerichtes abzuwarten.

Bald schon sollte sich die Gelegenheit ergeben, auf die er wartete. Anfang Juli schrieb ihm Hans Schwalbe in einem kurzen ungelenken Brief, daß der Kurfürst am Sonntag, dem 6. Juli, mit den meisten Hofleuten nach Leipzig reisen werde. Am Abend des folgenden Tages richte der Kanzler in seinem Haus in der Stadt ein Gastmahl aus, zu dem alle Hofleute eingeladen seien, so daß kaum noch jemand auf dem Schloß bleiben werde.

Sogleich rief Kunz seine Anhänger auf der Burg Kohren zusammen. Es handelte sich um Adlige, so die Ritter Wilhelm von Mosen und Wilhelm von Schönfels, die ebenfalls mit dem Kurfürsten unzufrieden waren. Sie verfaßten einen an Friedrich gerichteten Fehdebrief, in welchem sie ihr Recht beteuerten.

Gegen Abend des 7. Juli verließ Kunz von Kauffungen mit seinen Mitverschworenen und ihren Knechten Kohren und wandte sich gen Altenburg. Insgesamt umfaßte sein Trupp 36 Reiter. Zwischen elf und zwölf Uhr abends kamen die Männer vor dem Altenburger Schloß an. Auf Sturmleitern, die aus Riemen geflochten waren, erklomm Kunz mit fünf seiner Gefährten die Schloßmauer unweit des Pauritzer Teiches und gelangte in den Zwinger des Schlosses. Hans Schwalbe ließ die Verschworenen durch ein Fenster bei der Küche ins Innere des Gebäudes. Kunz fiel es nicht schwer, die Kammer der Prinzen Ernst und Albrecht zu finden. Das Schlafgemach der Kurfürstin Margarete und die Zimmer ihrer Dienerinnen ließ er verschließen, um ungehindert seinen Plan ausführen zu können. Mit blankgezogener Wehr drang er in das Zimmer der Prinzen ein, Amme und Diener hart bedrohend. Zwar rief der ältere der Knaben, Ernst, erschrocken um Hilfe, aber der Ritter brachte ihn zum Schweigen. Er ergriff den Jungen, der gerade vierzehn Jahre alt war, und schleppte ihn in den Schloßhof hinab. Gegenwehr brauchte er so gut wie nicht zu fürchten; die wenigen Diener zitterten um ihr Leben, und die Hofleute feierten unten in der Stadt – waren »toll und voll«, wie ein zeitgenössischer Chronist bissig anmerkt. Wilhelm von Mosen, der den zwölfjährigen Albrecht nachbringen sollte, hatte in der Eile einen jungen Grafen von Barby gefaßt, während der Prinz geistesgegenwärtig unter sein Bett gekrochen war. Aber Kunz bemerkte im Schloßhof, daß sein Kumpan den Prinzen mit dessen Gespielen verwechselt hatte. Er übergab Wilhelm von Mosen den jungen Herzog Ernst und eilte zurück, um Albrecht auch noch zu holen. Dieses Hinundher, das nicht ohne Rufe und Stiefelgetrappel abging, weckte die

Kurfürstin. Sie sprang auf, voller böser Ahnungen, fand die Tür verschlossen, stürzte zum Fenster und sah, wie Kunz den sich wehrenden Prinzen Albrecht über den Hof schleppte. Entsetzt rief sie: »Kunz, schone meine Kinder, es sollen deine Sachen wieder gut werden!« Er solle doch Vernunft annehmen, sie werde beim Kurfürsten Fürbitte für ihn einlegen, fügte sie flehend hinzu. Der Ritter hörte nicht auf die verzweifelte Mutter. Mit seinen Helfern brachte er die Knaben zu den außerhalb des Schlosses wartenden Pferden. Albrecht wurde auf ein Handpferd gesetzt, und Kunz jagte mit ihm davon, gefolgt von seinem Knappen Schweinitz sowie fünf weiteren Reitern. Wilhelm von Mosen und Wilhelm von Schönfels nahmen sich des Prinzen Ernst an. Sie sollten ihn durch Franken nach Böhmen schaffen, während der Ritter von Kauffungen mit Albrecht ohne Umweg der böhmischen Grenze zustrebte. Mit den beiden Prinzen als Unterpfand hoffte der Ritter, den Kurfürsten zu Zugeständnissen zwingen zu können.

Im Altenburger Schloß herrschte nach der Entführung der Knaben helle Aufregung. Sofort ging ein Eilbote an den Kurfürsten nach Leipzig ab. Die aus der Stadt zurückkehrenden Hofleute schickten Patrouillen aus; einige nahmen selbst an der Verfolgung der Prinzenräuber teil. Das Läuten der Sturmglocken pflanzte sich von Stadt zu Stadt, von Dorf zu Dorf fort, so daß das ganze Land in Aufruhr geriet und man den Einbruch eines Feindes mutmaßte. Straßen und Brücken wurden gesperrt, die Landwehr fand sich unter Waffen zusammen.

Schloß Altenburg.
Stahlstich von 1858.

Im Morgengrauen hörte Kunz von Kauffungen das Sturmläuten und mied fortan öffentliche Wege. Um die Mittagszeit hatte er die Gegend von Elterlein im Erzgebirge erreicht. Er schlug sich mit seinen Begleitern durch das Gehölz beim Kloster Grünhain und strebte dem Wald von Wiesenthal zu, wo er so gut wie in Sicherheit gewesen wäre.

Anderthalb Meilen von der rettenden Grenze entfernt begann der Prinz über Hunger und Durst zu klagen. Kunz entschloß sich, eine Pause einzulegen. Er ließ seine Begleiter ein Stück vorausreiten, behielt nur Albrecht und den Knappen Schweinitz bei sich. Er stieg vom Pferd, hob auch den Prinzen herunter, und der Knabe begann, heißhungrig wilde Erdbeeren zu pflücken.

Hundegebell verriet, daß die Gegend bewohnt war.

Bald näherte sich ein kräftiger, rußgeschwärzter Köhler. Mißtrauisch, auf seine Schürstange gestützt, betrachtete er die ungewöhnlichen Fremden. In der Einsamkeit, in der er mit seiner Frau lebte, galt es auf der Hut zu sein vor Räubern und anderen Schnapphähnen, die hier über die Grenze ins Böhmische wechselten. So stand er eine Weile schweigend, sah den Ritter, der sein Pferd am Zügel beiseite führte, sah den nachlässig, aber reich gekleideten Knaben. Auf seine Frage, woher und wohin des Weges, antwortete der Ritter ausweichend, er müsse einen entlaufenen Buben seinem Herrn zurückbringen. Der Köhler, Georg Schmidt mit Namen, schöpfte Verdacht; er näherte sich dem entkräfteten Jungen, der dem Manne hastig zuflüsterte: »Ich bin ein Fürst von Sachsen, mache mich los, mein Vater wird dich belohnen!«

Schweinitz, welcher diese Worte gehört hatte, zog sein Schwert und holte zum tödlichen Streich gegen den Köhler aus. Der war jedoch geübt im Umgang mit seiner langen Schürstange; mehr als einmal hatte er sich damit gegen Räuber verteidigt. Er wehrte den Schlag ab und griff nun seinerseits an. Kunz wollte dem Knappen beistehen, verfing sich aber mit seinen langen Reitersporen im Gestrüpp und stürzte ins Farn. Nun schlug der Köhler auf den Ritter ein, während Schweinitz vom Bullenbeißer des Ersteren angefallen wurde. Unterdessen hatte die Köhlerfrau Hilfe herbeigerufen; Köhler aus der Nachbarschaft überwältigten den Ritter und seinen Knappen endgültig und übergaben beide dem Abt von Grünhain als Gefangene.

Am folgenden Tag wurde Prinz Albrecht mit starkem Gefolge, dem der Köhler voranschritt, nach Altenburg zurückgebracht. Voller Freude umarmte der Kurfürst seinen wiedergefundenen Sohn. Währenddessen hatte der Köhler abseits gestanden, die alte zerbeulte Mütze zwischen den schwieligen Händen. Friedrich wandte sich nun an ihn und bat ihn, die Geschichte der Befreiung Albrechts zu erzählen. Im Kreis der Hofleute berichtete Georg Schmidt den Hergang der Dinge und schloß mit den selbstbewußten Worten: »Den Kunz, den hab' ich mit meinem Schürbaum weidlich getrillert!« Alle Umstehenden lachten und seitdem hieß der unerschrockene Köhler bei den Hofleuten nur noch *der alte Triller.*

Der Reitertrupp, den die Herren von Mosen und von Schönfels anführten, hatte indessen in einem Scharmützel mit den Verfolgern die meisten Männer und Pferde verloren. Mit zwei oder drei Knechten retteten sich die beiden Ritter in eine Felsenhöhle bei der Burg Stein im Muldetal. Sie befanden sich in keiner beneidenswerten Lage. Alle Wege nach der böhmischen Grenzen waren abgeriegelt; in den Wäldern streiften kursächsiche Reiter nach den Entführern und kamen selbst bis nahe an das Versteck heran. Die Männer hatten in ihrer Höhle nur wenig Nahrungsmittel und kein Wasser. Hinzu kam, daß Prinz Ernst erkrankt war. Als sich einer der Ritter eines abends aus dem Versteck wagte, um irgendwo Nahrung aufzutreiben, hörte er, hinter Gebüschen verborgen, wie zwei Forstknechte sich über die Gefangennahme des Ritters von Kauffungen unterhielten. Sofort eilte er zur Höhle zurück. Die ganze Nacht beratschlagten Wilhelm von Mosen und Wilhelm von Schönfels, was sie tun sollten. Schließlich kamen sie überein, den Prinzen auszuliefern und um Gnade nachzusuchen. Der Prinz versprach, bei seinem Vater für die beiden Ritter zu bitten. Auch wußten sie, daß der Amtshauptmann von Zwickau, Friedrich von Schönburg, bei dem Kurfürsten gut angeschrieben war und vielleicht Verzeihung vermitteln konnte. Ein Knecht wurde also nach Zwickau zu dem Herrn von Schönburg gesandt, mit dem Bescheid, daß Ernst nicht mit dem Leben davonkommen würde, wenn nicht Straffreiheit zugesagt werde. Der Herr von Schönburg beeilte sich, im Namen des Kurfürsten volle Verzeihung zuzusichern, falls nur der Prinz Ernst wohlbehalten bei ihm abgeliefert werde. Am 11. Juli erfolgte die Übergabe des Knaben auf dem Schloß Hartenstein. Noch am selben Tage wurde Ernst zu seinen Eltern nach Chemnitz gebracht. Der Kurfürst bestätigte das Versprechen des Herrn von Schönburg.

Am Nachmittag des 14. Juli wurde Kunz von Kauffungen auf dem Freiberger Markt öffentlich enthauptet. Ein vierkantiger Stein bezeichnete noch lange die Stelle seiner Hinrichtung. Es wird überliefert, der Kurfürst habe den Ritter begnadigen wollen, doch sei der Bote mit dem entsprechenden Befehl zu spät gekommen. Kauffungens Helfershelfer Hans Schwalbe wurde zusammen mit drei anderen Knechten des Ritters in Zwickau am 28. Juli gevierteilt. Schweinitz starb am Galgen.

Günther XXXI. hatte als der jüngster Sohn aus der Ehe Heinrichs XXVI. und Elisabeths von Cleve zunächst wenig Aussichten auf ein Erbteil gehabt. Als Statthalter lebte er im fernen Bremen. Doch einer der sechs Brüder nach dem anderen wurde aus dem Leben abberufen, und so geschah schließlich das gänzlich Unerwartete: Günther, genannt »der Bremer«, erbte einen beträchtlichen Teil der Grafschaft Schwarzburg. Er wird als ein frommer Mann und eifriger Katholik beschrieben. 1525 unterdrückte er die Bauernunruhen in der Gegend von Arnstadt und Stadtilm.

Etwa ein Jahr später überwarf er sich mit seinem Sohn Heinrich XXXII. Dieser war zur lutherischen Religion übergetreten. Graf Günther mochte keine Neuerungen wie die Reformation, die so viel Unruhe ins Land getragen hatte. Doch Verbote fruchteten nichts, weder bei den Untertanen, noch beim eigenen Sohn, der den Bürgern Arnstadts durch sein Verhalten ein Beispiel lieferte. Der alte Graf verfluchte den widerspenstigen Sprößling »ganz zorniglich in die Hölle«, und als Heinrich gar erklärte, er wolle einen lutherischen Prediger ins Haus nehmen, da war es mit der Geduld des Vaters vorbei. Er verbannte den Sohn und die Schwiegertochter Katharina Ende des Jahres 1526 nach Rudolstadt. Heinrich verstarb 1538.

Er hinterließ seine junge Frau Katharina und zwei Töchter. Ein drittes Kind trug die Witwe unter dem Herzen.

Katharina war die vierte Tochter des gefürsteten Grafen Wilhelm VII. zu Henneberg-Schleusingen und seiner Gemahlin Anastasia von Brandenburg. 1509 geboren, wurde sie im fünfzehnten Lebensjahr mit Heinrich von Schwarzburg vermählt. Dreizehn Jahre verbrachte sie an der Seite dieses Mannes, den manche aus seinen Kreisen für einen Sonderling hielten. Aber es waren dreizehn glückliche Jahre für die junge Frau. Sie folgte ihrem Gemahl freiwillig in die Verbannung nach Rudolstadt, sie teilte seine religiöse Gesinnung.

Nach Heinrichs Tod fiel die Herrschaft Arnstadt an dessen Vetter Günther XL. Obgleich er ein reicher und angesehener Herr war, versuchte er der Witwe seines Vetters Heinrich das im Ehevertrag zugesicherte Leibgedinge streitig zu machen. Es kam zu heftigen Auseinandersetzungen, die sich über viele Jahre hinzogen. Aber Katharina war nicht die Frau, die sich übervorteilen ließ. 1543 erreichte sie durch Vermittlung des Kurfürsten Johann Friedrich von Sachsen, daß ihr das Schloß zu Rudolstadt und die beiden Ämter Rudolstadt und Blankenburg auf Lebenszeit als Witwengut zugestanden wurden.

Katharina hatte sich bald auf Schloß Rudolstadt heimisch eingerichtet, zumal sie mit diesem Haus Erinnerungen an die schönen Jahre Ihrer Zweisamkeit mit Heinrich verband.

Das Leben und Treiben auf dem Rudolstädter Schloß ähnelte damals in vielem dem Alltag auf einem großen Rittergut. Gleich neben der herrschaftlichen Wohnung lagen die Pferde- und Viehställe. Ein Teil des Schloßhofes wurde von Dungstätten eingenommen, auf denen wie in einer

Älteste Abbildung des Renaissanceschlosses in Rudolstadt. Kupferstich von 1669.

Bauernwirtschaft das Federvieh scharrte und kakelte. Recht zahlreich war das Gesinde, das für den Betrieb dieser Wirtschaft und der gräflichen Kammergüter in Cumbach und Schaala gebraucht wurde. Energisch übernahm Katharina die Leitung des Gutsbetriebes und wußte sich auch gegen die manchmal unehrerbietigen adligen Nachbarn zur Wehr zu setzen, die glaubten, mit einer Frau leichtes Spiel zu haben. Bald war sie überall als »ein männlich und beherzt Weib« bekannt.

In den vierziger Jahren des 16. Jahrhunderts zogen finstere Wolken am politischen Himmel auf. Die protestantischen Fürsten und Städte Mitteldeutschlands hatten sich im Schmalkaldischen Bund zusammengeschlossen. 1547 kam es zum Krieg zwischen dem protestantischen Bündnis und dem Reich. Kaiser Karl V. sammelte ein starkes Heer bei Nördlingen. Mit sechzehntausend Soldaten, unter denen sich vom Herzog von Alba geführte spanische Hilfstruppen befanden, marschierte der Kaiser in die Markgrafschaft Meißen. Bei Mühlberg an der Elbe kam es zum entscheidenden Treffen. Das protestantische Heer unterlag der Übermacht. Kurfürst Johann Friedrich der Großmütige von Sachsen und Landgraf Philipp von Hessen fielen als Gefangene in die Hände der Kaiserlichen. Nach dem Sieg zog Karl V. mit seinem siegreichen Heer und den beiden fürstlichen Gefangenen durch Thüringen in Richtung Franken. Ein Teil des Heerestrosses rückte die Saale aufwärts und mußte so durch Katharinas Gebiet kommen. Der Gräfin war natürlich aus den

Kaiser Karl V.

Schreckensnachrichten, die der Soldateska vorauseilten, gut bekannt, was sie von solcher Art Besuch zu erwarten hatte. Das Saaletal galt den Kaiserlichen als feindliches Gebiet. Schon waren Dorndorf, Naschhausen, Wilsdorf und andere Ortschaften in Flammen aufgegangen. Die Gräfin wandte sich daher an den Kaiser und bat um einen Schutzbrief für ihr Ländchen, der auch erteilt wurde. Als Gegenleistung verpflichtete sie sich, das an Rudolstadt vorbeimarschierende Kriegsvolk mit Brot und anderen Lebensmitteln zu versorgen.

Um die spanischen und kaiserlichen Truppen daran zu hindern, in Rudolstadt einzudringen, ließ Katharina die unmittelbar bei der Stadt befindliche Saalebrücke abbrechen. Weiter flußabwärts wurde ein neuer hölzerner Übergang über den Fluß geschlagen. Dorthin schaffte man das Brot, das Bier und die anderen Güter zur Versorgung des fremden Heeres. Außerdem erlaubte die Gräfin den Bewohnern der Dörfer, durch welche die Söldner ziehen würden, sich und ihr bewegliches Hab und Gut auf dem Rudolstädter Schloß in Sicherheit zu bringen.

Während diese Vorsichtsmaßnahmen getroffen wurden, näherte sich der spanische Herzog von Alba mit seinen Soldaten der Stadt. Später erst wurde Alba durch sein grausames Regime in den Niederlanden berüchtigt. Aber schon damals eilten den Truppen, die er führte, Angst und Schrecken voraus. Durch einen an die Gräfin abgesandten Boten bat er für sich und seine Begleiter, den Herzog von Braunschweig und dessen Söhne, um ein Morgenbrot auf dem Schloß. Katharina konnte nicht gut nein sagen angesichts der Heeresmacht, an deren Spitze die beiden Generäle heranrückten. Sie erinnerte in ihrer Antwort allerdings noch einmal an die kaiserliche Zusage, daß ihre Dörfer geschont werden sollten.

Als die ungebetenen Gästen in den Schloßhof einritten, fanden sie alles voller schwangerer Frauen, voller Kinder und Greise, die auf dem Schloß Zuflucht gefunden hatten. Die Hausherrin kam den Generälen freundlich entgegen, begrüßte sie und führte sie in die Große Hofstube im Westflügel, wo

Katharina auf dem Schloß zu Rudolstadt.
Nach einem Gemälde von Max Bernstein, 1884.

der Tisch bereits gedeckt war. Noch nicht lange hatte man sich an der mit Speisen und Getränken besetzten Tafel niedergelassen, als ein Kurier auf dem Schloß anlangte und die Gräfin aus dem Saal gerufen wurde. Der Bote berichtete atemlos, daß in einigen Dörfern die spanischen Landsknechte Gewalt gegen die Bauern angewandt und deren Vieh geraubt hätten. Katharina wurde zornrot im Gesicht. Achteten die Herren Generäle so das Wort des Kaisers? Glaubten sie, hier leichtes Spiel zu haben, weil kein Mann der Herr im Hause war? Nun, sie sollten sehen, wie ernst man eine kaiserliche Zusage im Schwarzburgischen nahm!

Katharina rief alle wehrfähigen Männer zusammen, die sich im Schloß aufhielten. Die Waffenkammer wurde geöffnet. Helmbarten und Schwerter wurden an Knappen, Diener und Knechte verteilt. Mancher Greis, den die Gräfin Asyl gewährt, griff nach einem Spieß und schloß sich den Kampfwilligen an. Tore und Türen verriegelte und verrammelte man, so daß niemand hinaus oder herein kommen konnte.

Nun begab sich die Gräfin zurück in den Saal, wo die Generäle ahnungslos tafelten. Hier wies sie den Herren des Kaisers Schutzurkunde vor und fragte sie, welchen Wert ein solches Dokument für sie habe. Und als die Generäle ihre Kaisertreue rühmten, da trat die Gräfin mit zornblitzenden Augen auf sie zu und teilte ihnen mit, was sie eben von dem Boten erfahren hatte.

Da lachten die Generäle, und Alba antworteten, es sei nun einmal Brauch, daß im Kriege der Bauer den Soldaten zu ernähren habe.

Herzog Alba.

»Meine Herren«, antwortete die Gräfin, »sorgen Sie dafür, daß meine armen Bauern und Häusler das Geraubte umgehend zurückerhalten. Sie haben ohnehin schon genug durch den unseligen Krieg zu leiden«.

Wieder lachten die Generäle. Und Heinrich von Braunschweig meinte, solch eine besorgte Landesmutter finde man in deutschen Landen nicht bald wieder.

Alba aber, der sich großzügig geben wollte, versprach, daß man den Bauern einen Teil des Viehs zurückgeben werde. »Was meine Soldaten übriglassen, denn sie wollen auch leben«.

»Alles geben Sie zurück, meine Herren. Wo nicht, wird Fürstenblut für Ochsenblut fließen!«

Damit öffnete die Gräfin die Saaltür. Im nächsten Augenblick war der Raum von Waffengeklirr und schweren Tritten erfüllt. Finster, kampfbereit warteten die Knappen und Diener auf die Weisungen ihrer Gebieterin. Auf einen Wink Katharinas stellten sich einige von ihnen mit gefällten Helmbarten neben die Stühle der Generäle und ihrer Begleiter. Die beiden Herzöge wurden bleich.

Heinrich von Braunschweig faßte sich zuerst, und da die Szene ziemlich peinlich für ihn und Alba war, versuchte er, alles ins Spaßige zu kehren.

Der Gräfin war jedoch nicht zum Scherzen zumute. Und sie wiederholte: Keiner werde lebend aus diesem Hause kommen, wenn die Bauern ihr Vieh nicht zurückerhielten.

Der Braunschweiger redete nun auf Alba ein. Es bleibe nichts, als nachzugeben. Aus dieser Falle kämen sie nur heraus, wenn sie der Dame den Wunsch erfüllten. Alba verstand sich schließlich dazu, einen schriftlichen Befehl auszufertigen, in dem er anordnete, daß das den Bauern geraubte Vieh wieder zurückzugeben sei.

Dieser Befehl wurde einem Boten übergeben, der ihn ins spanische Feldlager bringen mußte. Katharina wartete, bis sie erfuhr, man habe das Geraubte zurückgebracht. Dann trat sie wieder in den Saal, nahm den beiden Generälen das Versprechen ab, sich nicht an ihr oder ihren Untertanen rächen zu wollen, denn was sie getan habe, sei aus dringender Not und Sorge geschehen. Die Herren versprachen, was Katharina verlangte, und wurden entlassen. Der Ton beim Abschied blieb höflich. Die Gräfin dankte den Herzögen für ihr Einlenken. Heinrich von Braunschweig nahm es mit Humor, sprach von einem ernsten Scherz, den sich die Gräfin erlaubt, der ihr aber verziehen sei.

Dieser Vorfall, der übrigens durch den Bericht des Pfarrers Cyriacus Spangenberg bestens verbürgt ist, brachte Katharina den Namen der »Heldenmütigen« ein.

Das Schloß, in dem sich dieses Ereignis abspielte, existiert nicht mehr. 1573 brannte es teilweise ab,

Schloß Rudolstadt.
Lithographie um 1850.

wurde aber im Renaissancestil wiederhergestellt. 1735 ging auch diese Anlage in Flammen auf. Nur das alte Wachhaus, Gewölbe im Erdgeschoß des Westflügels, das Portal am Nordflügel sowie größere Teile des Südflügels mit den mächtigen Säulen der Toreinfahrt blieben verschont.

Noch im gleichen Jahr vergab man Aufträge für den Neubau. 1710 waren die Grafen von Schwarzburg in den Reichsfürstenstand erhoben worden. Entsprechend vergrößerte sich ihr Repräsentationsbedürfnis. Und obgleich die finanziellen Mittel der Fürstenfamilie begrenzt waren, wurde der Bau einer prächtigen Residenz angestrebt. Oft, wenn die Baukasse leer war, mußten die Arbeiten unterbrochen werden. Erst nach Jahrzehnten war das neue Schloß – die Heidecksburg – fertig.

Und Katharina? Sie starb am 7. November 1567 auf ihrem Witwensitz zu Rudolstadt. Betrauert von ihren Töchtern, ihren Schwiegersöhnen und ihren Untertanen. Beigesetzt wurde sie in der Stadtkirche zu Rudolstadt, schräg gegenüber der Sakristei, unweit des Altars.

DER GESPENSTERHERZOG

Nach dem Tode Herzog Ernst des Frommen (1675) teilten dessen Söhne das Fürstentum Sachsen-Gotha-Altenburg unter sich auf. Anstelle des relativ geschlossenen Staatsgebietes, das aufgrund seiner Größe und vorbildlich eingerichteten Verwaltung auf dem besten Wege gewesen war, die Vormachtstellung im Thüringer Raum zu erringen, entstanden sieben neue Miniaturherzogtümer – alle gleich politisch bedeutungslos. Zwar hatte der verstorbene Fürst, weil das Erstgeburtsrecht in seinem Land noch nicht eingeführt war, im Testament verfügt, daß die Brüder gemeinsam unter dem Vorsitz des Ältesten regieren sollten, aber das ging nicht lange gut. Nachdem es zunehmend zu Streitigkeiten gekommen war, bezog jeder der Erben eine eigene Residenz. Der fünfte Sohn des Herzogs, Christian, entschied sich für Eisenberg.

In Eisenberg gab es eine von den Markgrafen von Meißen erbaute und in den folgenden Jahrhunderten mehrmals erweiterte Burg. Später verwahrloste die Burganlage, diente zuweilen als Absteige für fürstliche Jagdgesellschaften oder als Quartier für durchreisende Adlige. Der Amtmann von Eisenberg hatte seine Wohnung in dem alten Gemäuer, und der von unscheinbaren Gebäuden umgebene äußere Burghof diente als Ort für Gerichtsverhandlungen.

Als Christian mit wenigen Begleitern hier einzog – er war damals noch nicht ganz vierundzwanzig Jahre alt – fand er die ganze Anlage in einem heruntergekommenen Zustand vor. Kaum ein Zimmer war bewohnbar, es fehlte an den allernötigsten Möbeln. Der neugebackene Herzog beschloß, an die Stelle der unwohnlichen Burg mit ihren Renaissanceanbauten ein neues repräsentatives Residenzschloß im Geschmack der Zeit zu setzen. Ausgleichszahlungen aus der verbliebenen Erbmasse und die im Teilungsvertrag zugestandenen Einkünfte aus der Land- und Tranksteuer sowie Einnahmen aus den Kammergütern sorgten zunächst für ausreichende finanzielle Mittel. Für die Eisenberger Handwerker brach eine goldene Zeit an, die Kette der Aufträge vom herzoglichen Hof riß nicht mehr ab, und bezahlt wurde pünktlich. Viel zu kostspielig für das kleine Ländchen wurde die Hofhaltung angelegt; eine Opernbühne entstand im Schloß; zahlreiche Diener und Beamte wurden verköstigt und eingekleidet; Feste, Jagden und Empfänge fanden statt. Christians Großmut und Freigebigkeit lockten Tag für Tag Bittsteller an, verkrachte Existenzen, entlassene Soldaten, fahrende Musikanten, Arme und Kranke, Künstler ohne Anstellung – kaum einer ging unbeschenkt von dannen. Große Geldsummen verschlang auch die Liebhaberei des Fürsten, die Alchemie. Zuerst experimentierte er in einem Gewölbe des Schlosses, später ließ er sich im Schloßpark ein Laboratorium bauen.

Nach dem Tode seiner ersten Gemahlin, Chri-

Herzog Christian von Sachsen-Eisenberg.
Kupferstich 18. Jh.

stiana von Sachsen-Merseburg, die ihm eine Tochter geschenkt hatte und bald darauf im Kindbett gestorben war, nahm die vom Herzog schon lange gehegte Idee zum Bau einer Schloßkirche mit fürstlicher Gruft genauere Gestalt an.

Zwölf Jahre dauerte es, bis das aufwendige Bauwerk fertiggestellt war. Die Baukosten allerdings überstiegen alle Vorausberechnungen und die ohnehin schon durch zahlreiche anderweitige Ausgaben angegriffene Finanzkraft des Herzogs. Schulden und Verbindlichkeiten wuchsen, machten bald erste Einsparungen im fürstlichen Haushalt notwendig. Ein Teil des Hofpersonals mußte entlassen werden. Anderen Angestellten wurde das Gehalt gekürzt.

Ausgenommen davon blieb eine Clique hochgestellter Beamter, die sich eng um den Herzog geschart hatten. Diese verstanden es nicht nur, den Sparmaßnahmen zu entgehen, sie zogen im Gegenteil noch Nutzen aus der Geldverlegenheit des Fürsten. Als Christian sich genötigt sah, Ländereien zu verkaufen, um zu Geld zu kommen, erwarb der herzogliche Oberschenk, Rudolph August von Metzsch, einen beträchtlichen Teil davon, darunter zum Ronneburger Schloß gehörende Liegenschaften – und das für einen besonders günstigen Preis. Als ehemalige Schloßgrundstücke waren diese Ländereien darüber hinaus von der Landsteuer und anderen Abgaben befreit. Der Hausmarschall Carl Friedrich von Bose erhandelte vom Herzog sehr günstig das Rittergut Friedrichstanneck bei Eisenberg samt dem neuerrichteten Herrenhaus, das eigentlich als

Witwensitz für die Herzogin vorgesehen gewesen war. Später kaufte es die Herzogin Sophie Marie, Christians zweite Frau, für viertausend Taler zurück.

Bose verstand es außerdem, in dem Fürsten die Überzeugung zu wecken, daß es sich lohne, um Eisenberg nach Gold und Silber zu schürfen. Er wurde dafür zum gutbezahlten Bergrat bestallt. Nachdem sich der mit großen Hoffnungen begonnene Bergbau als Reinfall erwiesen hatte, regte Bose an, in den Kellern der Lausnitzer Klosterruine nach Schätzen zu graben und rettete so seine einträgliche Bergratsstelle bei Hofe.

Auch bestärkten die lediglich auf ihren Vorteil bedachten Hofleute den Herzog in der Hoffnung, mittels alchemistischer Experimente das Geheimnis der Metallumwandlung lösen und eines Tages unedle Metalle in Gold umwandeln zu können. Alle diese Unternehmungen blieben erfolglos, kosteten Geld, statt welches abzuwerfen.

Nun brachten die Hofleute den von seinen Gläubigern bedrängten Fürsten auf die Idee, zum Auffinden der verborgenen Reichtümer die Hilfe von Geistern in Anspruch zu nehmen. Um ihre eigennützigen Pläne zu fördern, zogen die Höflinge eine weise Frau aus Lausnitz in ihr Komplott, eine gerissene Kräutersammlerin, die den Vorteil, der sich ihr so unerwartet bot, erkannte und zu nutzen verstand. Diese Marie Guthmann diente nun als Medium, wie die Spiritisten sagen, als Verbindungsperson zwischen der hiesigen und der jenseitigen Welt. Und zwar beförderte sie die Briefe, welche der Herzog mit den angeblichen Geistern wechselte und bezog dafür sowohl von diesen als auch von Christian Geld und Geschenke.

Eine wichtige Rolle in diesem nie ganz aufgeklärten Verwirrspiel scheint die Frau von Unruh gegeben zu haben, Tochter des obengenannten Oberschenks Rudolph August von Metzsch, eine Hofdame voll Witz, Phantasie und Geist, aber auch ohne Gewissen. Der Herzog vertraute ihr und hielt sie in seinem Hause wie eine eigene Tochter. Das Wohlwollen der zweiten Gemahlin Christians, Sophie Marie von Hessen-Darmstadt, verscherzte sich Frau von Unruh dagegen bald durch ihre zwielichtigen Machenschaften. Sophie Marie, Musikliebhaberin und von nüchterner Denkart, hatte wohl das betrügerische Spiel, das um die Gunst und den schon arg mitgenommenen Geldbeutel ihres Gemahls getrieben wurde, teilweise durchschaut. Doch sie versuchte vergebens, den Herzog zur Vernunft zu bringen.

Nachdem er Jahre mit unglaublicher Geduld auf die Erfüllung des so oft und nachdrücklich Versprochenen gewartet hatte und dabei immer mehr in Schulden und Not geraten war, begann er das Zugesagte energischer einzufordern. Nun nahm die Hinhaltetaktik der Dunkelmänner an seinem Hofe tragikomische Züge an. Durch ihre Sprecherin Marie Guthmann forderten sie den Herzog auf, Möglichkeiten zu schaffen für die Übernahme der Schätze. Aus dem ganzen Fürstentum wurden leere Säcke herbeigebracht und in der Schloßkirche gestapelt. Doch die Säcke blieben leer, nur immer neue Vertröstungen folgten. Gott wolle sich selbst in die Angelegenheit einschalten, gaben die Betrüger vor und versuchten Christian damit weiter hinzuhalten. Aber der Herzog war des ergebnislosen Hoffens und Harrens müde. In einem scharf formulierten Brief nannte er die ganze Sache, was sie wirklich war: eine freche Komödie.

Jetzt mußten die Dunkelmänner Entdeckung fürchten. Ihre bisher geretteten Pfründe am herzoglichen Hof wollten sie auf keinen Fall verlieren. Sie entschlossen sich zu einem tollkühnen Streich.

In Gegenwart des leichtgläubigen Fürsten brachten mehrere Höflinge das Gespräch auf die unglückliche Herzogin Anna, welche einst von ihrem Gemahl, einem Herzog von Sachsen-Coburg, ver-

Blick auf das Eisenberger Schloß.
Lithographie von 1837.

stoßen und in ein Kloster verbannt worden war. Diese längst verstorbene Dame erschien nun eines abends in altertümlicher Tracht vor dem Herzog, als dieser sich gerade in seinem Betkämmerchen aufhielt. Christian zweifelte, durch die unzureichende Kerzenbeleuchtung zusätzlich getäuscht, offenbar nicht an der Übernatürlichkeit der Erscheinung. Die Dame stellte sich höflich vor und bat ihn als ihren Nachfahren, sie mit ihrem Ehemann auszusöhnen, dessen Seele sonst keine Ruhe finden könne. Christian bat sich Bedenkzeit aus, die ihm auch gewährt wurde.

Die gespenstische Dame entfernte sich, und der Herzog schrieb noch in derselben Stunde an den Superintendenten Hofkunz in Torgau, seinem Berater in spiritistischen Angelegenheiten, schilderte das Ereignis und bat um Rat. Es ist bezeichnend für den Geist der Zeit, daß der gelehrte Theologe Hofkunz dem Herzog empfahl, er möge dem Wunsch der Geister willfahren, sofern nichts Unchristliches bei der Sache wäre. Doch sollte er, Christian, sich mit Beten auf die Wiederkehr des Gespenstes vorbereiten und mit dem nötigen Mut wappnen.

Der Herzog, auf solche Art ermuntert, ließ die Geister schriftlich wissen, daß er zu dem Versöhnungswerk bereit sei, und jene nannten ihnen die Stunde ihres Erscheinens.

Als die Zeit herangerückt war, befahl Christian, einen Kandelaber mit Kerzen in sein Betkämmerchen zu bringen, setzte sich vor die große Bibel, in welcher er noch ein wenig las, bevor er sich gefaßt auf sein Ruhebett legte. Überliefert ist, daß er im Schloßgebäude sämtliche Türen und Treppen mit Bewaffneten besetzen ließ. Vor seinem Kabinett zogen in dieser Nacht Doppelposten auf, und die Wachen hatten Weisung erhalten, jeden festzunehmen, der sich unbefugt dem herzoglichen Betkämmerchen zu nähern versuchte. Waren Christian doch Zweifel an der Echtheit der Geistererscheinung gekommen?

Pünktlich zur vereinbarten Stunde klopfte es leise wie beim ersten Besuch an die Tür des kleinen Gemaches, und nach Aufforderung traten die beiden Gespenster herein; zuerst die Frau in ihrer altertümlichen Kleidung, hinter ihr, halb im Schatten bleibend, der angebliche Fürst von Coburg, groß, finstereren Gesichts, wortkarg.

Die Dame schilderte nun ihr erlittenes Schicksal, während der Mann sich kaum verteidigte. Christian war galant genug, der Frau recht zu geben und den mürrischen Ehegemahl zur Versöhnung aufzufordern, was denn auch geschah. Der Herzog kniete nieder zum Gebet, und ihm war, als beteten seine nichtalltäglichen Besucher mit ihm. Doch als er sich aufrichtete, waren sie verschwunden.

Befragungen am nächsten Tag ergaben Erstaunliches: Die zahlreichen Wachen hatten niemanden das Schloß betreten oder verlassen sehen. Die beiden vor dem Betkämmerchen aufgestellten Posten wollten nur die Stimme des Herzogs gehört haben.

Daß diese Spukgeschichte eine raffiniert gespielte Theaterszene gewesen war, daran besteht wohl kein

Zweifel; man vermutet in der Frau von Unruh die Darstellerin der Herzogin Anna von Coburg. Fraglich bleibt allerdings, wie die zwei angeblichen Gespenster unbemerkt in das Kabinett des Herzogs gelangen konnten. Gab es eine Geheimtreppe zum Betkämmerchen, die unbewacht geblieben war – wie behauptet worden ist? Oder waren die Wachposten bestochen worden? Das wird wohl immer ein Rätsel des Schlosses Christiansburg in Eisenberg bleiben.

Herzog Christian starb ohne männliche Nachkommen wenige Monate nach dem Auftritt der gespenstischen Fürstin Anna, wahrscheinlich an den Folgen einer schleichenden Quecksilbervergiftung, die er sich bei seinen alchemistischen Experimenten zugezogen hatte. Kurz vor seinem Tode mußte er das Kammergut Petersberg verpfänden, um wenigstens die drückendsten Schulden begleichen zu können. Dennoch hielt er sich, durch die Geisterszene von Neuem in seinen Hoffnungen bestärkt, für einen der reichsten Männer in Europa. Bevor er die Augen schloß, erließ er seinen Untertanen für drei Jahre alle Steuern.

An einem Dienstag, dem 17. März 1764, führte der neununzwanzigjährige Kammerjunker und großherzoglich-weimarische Stallmeister Friedrich Ernst Josias von Stein, Erb-, Lehn- und Gerichtsherr auf Kochberg, die sieben Jahre jüngere Charlotte Albertine Ernestine von Schardt in der Kirche des Schlosses Wilhelmsburg zu Weimar zum Traualtar. Das frischgebackene Ehepaar verfügte über eine Wohnung, die nahe dem Erfurter Tor lag, und über einen schönen Landsitz – das den Steins gehörende Rittergut Kochberg bei Rudolstadt.

Im Gegensatz zu ihrem Gemahl verbrachte Charlotte von Stein einen großen Teil des Sommers in Kochberg, ungeachtet der einsamen Lage des Schlosses und des Dorfes. Auch im Herbst kam sie zuweilen von Weimar herüber.

Trotz mehrfacher Umbauten hatte das Schloß mit seinem Wassergraben und dem kemenatenähnlichen »Hohen Haus« den Charakter einer Burg bewahrt. Winzig der Innenhof mit Brunnen und altertümlichen Portalen. Malerisch die zum Park hinschauenden Renaissancegiebel. Dicke Mauern schlossen Gemächer und kleine Säle ein, verbunden durch enge Flure und Treppenaufgänge. Nördlich, jenseits des Schloßgrabens, breiteten sich zu Charlottes Zeiten Gärten aus. Da gab es einen Lustgarten,

Charlotte von Stein.
Selbstporträt.

einen Baumgarten, einen Gemüsegarten, einen Bienengarten und einen Schießhausgarten.

Eng verbunden mit diesem idyllischen Landsitz ist der Name des Altmeisters der deutschen Literatur. Goethe lernte Charlotte von Stein acht Tage nach seiner Ankunft in Weimar kennen. Bereits drei Wochen später, am 6. Dezember 1775, besuchte er sie zum ersten Mal in Kochberg. Sie saßen beide am Kamin. Draußen stürmte es, Schnee und Regen gingen nieder. Sie führten ein langes und vertrauliches Gespräch. Über den Herzog und die Herzogin sprachen sie, über die Zustände in Weimar, über den Hof. Der junge Goethe spürte, daß Charlotte ihm gewogen war. Er erzählte, er sei aus der bürgerlichen Enge seiner Heimat in Frankfurt am Main ausgebrochen, um in Weimar zu erproben, wie ihm die »Weltrolle« zu Gesicht stünde. Entdecken wollte er, streiten und gewinnen oder sich mit »aller Ladung in die Luft sprengen«. Voller Tatendrang und voller Ideen war er der Einladung des Herzogs Carl August nach Weimar gefolgt.

Freundlich lächelnd blickte Charlotte auf den sieben Jahre jüngeren Dichter. Seine rheinische

Schloß Kochberg.
Nach einer Federzeichnung von Ludwig Bartning.

Mundart hatte einen herzlichen Klang. Aber ganz abgesehen davon: Er sprach anders, als man es am Weimarer Hofe zu hören gewohnt war. Einfacher, farbiger, erfand mühelos Bilder und Wendungen. Obgleich von bürgerlicher Herkunft, tat er es manchem Adligen an Benehmen und Auftreten zuvor.

Auch Goethe fand seine Gesprächspartnerin reizvoll. Sie hatte große schwarze Augen. Lockig fiel das dunkle Haar um ihr schmales Gesicht, dessen zart gerundete Wangen rot im warmen Schein des Kaminfeuers schimmerten. Sanft, aber bestimmt klang ihm ihre Stimme im Ohr. Ernsthaftigkeit, Verständnis und feinfühliges Empfinden sprachen aus ihren Worten, höfische Eleganz aus ihren Gesten. Man sah es ihr an diesem Abend nicht an, daß sie mit ihren dreiunddreißig Jahren schon siebenmal Mutter geworden war. Vier Töchtern und drei Söhnen hatte sie das Leben geschenkt. Doch nur die Söhne lebten noch.

In den auf diesen Besuch in Kochberg folgenden Wochen kamen sich Charlotte und der junge Dichter rasch näher. Goethe dachte nicht an sinnliche Liebe, eher an geistig hochstehende Freundschaft, an ein inniges Band, das durch ähnliche Neigungen um Menschen geschlungen wird. Goethe hatte in Weimar keine Verwandten, kein Heim im Sinne einer Familie. Und die Amtsgeschäfte, die er nach und nach am herzoglichen Hof übernahm, brachten ihm manchen Neider und den Widerstand der ansässigen Beamten ein. Kein Wunder, daß er öfters, angemeldet oder nicht, im Haus der Freundin Zuflucht suchte, daß er gern an ihren Mahlzeiten, ihrem häuslichen Leben teilnahm. Zu ihren Söhnen fand er bald ein freundschaftliches Verhältnis; er zeichnete, spielte und wanderte mit ihnen. Wohltuend diese Stunden. Eine schöne, freundliche Frau und fröhliche Rangen – mehr schien er während seiner Besuche nicht zu brauchen.

Am wohlsten fühlte sich Goethe in der ländlichen Umgebung von Kochberg. Schöne Naturansichten, alte Bäume, die sich im Burggraben spiegelten, Wanderungen mit den Kindern, Ausritte mit der verehrten Frau, abendliche Gespräche – da ließen sich innerer und äußerer Zwang abwerfen, aufatmen nach den Tagen im »Aktenstaub und Hofdunst«. Wenn nur immer möglich, eilte er von Weimar nach Kochberg zu seiner Charlotte. Drei Stunden brauchte er zu Pferd oder im Wagen für die Strecke. Manch frohe Stunde verbrachte er im »Schloß hinter den Bergen«. Hier fand er Muße, an der »Iphigenie« und am »Tasso« zu arbeiten, hier zeichnete er, schrieb Briefe an die Freunde, Briefe, in denen Glück und Weh des Landlebens mit der Geliebten seltsam hindurchschwingen.

Einmal empfing er den Herzog Carl August mit folgendem Gedicht in Kochberg:

»Zieht ein und nehmet Speis' und Kraft
Im Zauberschloß in der Nachbarschaft,
Wo eine gute Fee regiert,
Die einen goldnen Zepter führt
Und um sich eine kleine Welt
Mit holdem Blick zusammenhält«.

Nicht immer war es eitel Glück, was ihn in Kochberg erwartete. Manchmal fühlte er sich wie »zwischen Himmel und Erde aufgehangen«, manchmal war ihm so richtig zum Weinen zumute. Charlotte war eine Frau, die ihre Meinung offen sagte. Sie hielt mit Worten nicht zurück, wenn sie ihn einmal nicht sehen wollte. Und dieser Zeitpunkt kam früh genug.

Charlotte hatte bedenkenlos von ihrer Zuneigung zu Goethe gegen Freunde und Bekannte gesprochen. Sie sprach von Liebe und meinte doch nur ein Wohlgefallen, daß eine ältere Freundin dem jüngeren, begabten Mann entgegenbringt. Die Folge ihrer Offenheit war, daß die Frau Oberstallmeisterin gar bald bei Hofe geneckt wurde. Die Anspielungen auf den neuen Freund waren unmißverständlich. Um dem bisweilen ins Bösartige ausartenden Spott zu begegnen, schrieb Charlotte ein kleines Schauspiel in drei Auftritten, das sie am Hofe zu ihrer Verteidigung vorführen ließ und in dem sie selbst eine Rolle übernahm. Doch das Gerede verstummte nicht. Zumal sich Goethe mit seinem jugendlich-vorwärtsdrängendem Streben nach Neuerung in Land und Stadt bei den alten Räten des Herzogs und ihrem Anhang längst unbeliebt gemacht hatte. Der damit verbundene Unfrieden drang bis in die Steinsche Familie hinein, denn der Oberstallmeister gehörte als geborener Höfling zur Partei der Alten. Und gerade seine Frau hatte einen Umstürzler zum Verehrer. »Goethe wird hier viel geliebt und gehaßt«, schrieb Charlotte an einen Freund, »Sie können sich denken, daß es genug Dickköpfe gibt, die ihn nicht verstehen«. Aber manchmal verstand sie ihn selbst nicht. Es gab wortreiche Auseinandersetzungen. Es gab Streit, Enttäuschung, vorübergehende Trennungen. Einmal, in solcher Krise, in tiefem Kummer, rief sie aus: »Ich fühl' s, Goethe und ich werden niemals Freunde!«. Er versuchte, das vertrauliche Du in ihrer beider Anrede durchzusetzen, sie verwahrte sich dagegen. »Die Welt versteht es nicht und legt es uns übel aus«, sagte sie. Und sie warf ihm zu wenig Achtung vor den Frauen, zu viel Koketterie vor. Das mußte Goethe empfindlich treffen. Er suchte in Charlotte die Schwester, mit der er seit frühester Kindheit sehr verbunden gelebt, vor der er kein Geheimnis gekannt und die ihm durch die Ehe mit dem hochachtbaren Johann Georg Schlosser entrissen worden war. Auf einem Handzettel schrieb er der angebeteten Freundin: »Du Einzige, die ich so lieben kann, ohne daß mich's plagt! Oh, hätte meine Schwester einen Bruder irgend wie ich an Dir eine Schwester habe!«

Um dem Gerede am Hofe die Nahrung zu entziehen, bat Charlotte ihren Freund, sie weniger häufig zu besuchen. Sie hatte Rücksicht auf ihren Gemahl und die Kinder zu nehmen. Goethe achtete ihren Wunsch, aber es kam ihm schwer an. In seiner Erregung schrieb er ihr heftige Worte: »Also auch das Verhältnis, das reinste, schönste, wahrste, das ich außer zu meiner Schwester je zu einem Weibe gehabt, auch das gestört!« Am nächsten Tag meldete er sich schriftlich wieder, ruhiger nun: »Verzeihen Sie, daß ich Sie leiden mache! Ich will's künftig suchen,

Goethe im Alter von 25 Jahren.

allein tragen zu lernen«. Eine Woche hielt er sich fern und hoffte, daß die Klatschereien verstummen würden. Dann sah man sich wieder öfter. Aber schon nach zwei Wochen bat sie ihn erneut zu mehr Zurückhaltung, sich keinen Träumen und Täuschungen hinzugeben, die unerfüllbar seien. »Wir können einander nichts sein und sind einander zu viel«, klagte ihr Goethe in einem Brief.

Als Charlotte im Sommer 1776 wieder eine Kur im Bad Pyrmont nahm, wurde das eine Zeit schmerzlicher Trennung für den Freund. Sie schickte ihm zum Trost vor ihrer Abreise die ersten Kirschen aus Kochberg und andere kleine Freundschaftsbeweise. Er litt an seiner Einsamkeit. »Sie fehlen mir an allen Ecken«, schrieb er der Angebeteten, »ich schleiche meinen Tag herum, und es ist mir eben weh bei der Sache …« Wenigstens konnte er ihre Söhne besuchen. Die Buben mochten ihn sehr, weil er auf ihre Spiele einging und ihre Streiche nicht übel nahm. Oft trieb es ihn hinaus, ins Freie, an die stillen Ufer der Ilm oder hinauf auf die Höhen. Dann dachte er oft auch an Kochberg, wo er die schönsten Stunden zugebracht.

Auf der Rückreise von Pyrmont erfuhr Charlotte, daß Goethe in Ilmenau weilte. Kurz entschlossen änderte sie ihre Route und traf ihn in dem kleinen Bergstädtchen. Sie hatte ihn lange nicht gesehen und aus seinen Briefen und Geschenken war ihr soviel Herzlichkeit zugeflossen, daß sie ihm nun ein Teil davon wiederschenkte. Wer war glücklicher als Goethe? Herrliche Tage verlebte er mit der Freundin in Ilmenau. Dann fuhr sie weiter nach Kochberg. Wenige Wochen später sahen sich die Beiden in Weimar wieder, lebten einen Monat nahe zusammen, und abermals wich die Geliebte vor der Welt und der Stärke seiner Gefühle zurück. Zur Zeit der Herbsternte floh sie nach Kochberg und verbot Goethe, ihr zu folgen.

Aber sie fühlte sich recht verlassen in den Mauern der alten Burg, sehnte sich nach unterhaltender Gesellschaft. Und so bat sie Goethe, daß er ihr seinen Freund Lenz sende. Lenz hatte Theologie studiert. Eine Hofmeisterstelle hatte er aufgegeben und weilte seit einigen Monaten in Weimar. Er war ein wunderlicher Mensch: gebildet, begabt, liebenswürdig, aber ein Wirrkopf. Frau von Stein wollte ihn haben, damit er sie in Englisch und im Zeichnen unterrichte.

Auch Lenz verehrte die schöne Oberstallmeisterin; »das herrlichste Geschöpf auf Gottes Erdboden«, hatte er einmal an Goethe über sie geschrieben. Es fiel diesem nicht leicht, den jungen gefälligen Mann nach Kochberg zu schicken. Aber die Bitte Charlottes mochte er nicht ausschlagen.

Lenz verlebte anderthalb Monate auf dem Steinschen Gut. Tage, die er in seinen Briefen an Goethe wie Feste feierte. »Ich bin zu glücklich ... Dir alle die Feerei zu beschreiben, in der ich jetzt existiere, müßte ich mehr Poet sein, als ich bin ... Mit dem Englischen geht's vortrefflich. Die Frau von Stein findet meine Methode besser als die Deinige«. Wie schmerzhaft schnitten diese in gedankenloser Begeisterung hingeschriebenen Worte in Goethes wundes Herz? Besonders weh tat es ihm, daß der Herzog mehrere Male nach Kochberg hinüberritt. Aber er lehnte ab, mitzukommen. Er wußte ja, er würde nicht willkommen sein.

Lenz genoß derweil die Güte der Oberstallmeisterin. Sie zeigte ihm ihr ganzes Reich, führte ihn sogar zu der Stelle, wo sie dereinst ihr Grab zu haben wünschte. In freien Stunden wanderte Lenz allein in die Umgebung des Schlosses; schwermütig dachte er daran, daß dieses Glück hier nicht ewig dauern werde. Irgendwann würde er diesen Ort verlassen müssen, an dem der Himmel in sein Herz niedersank, wie er es ausdrückte. Doch über den Unterrichtsstunden mit Frau von Stein und der gemeinsamen Lektüre von Shakespeares Dramen vergaß er jedesmal seine schwermütigen Anwandlungen.

Schließlich war die Stunde des Abschieds gekommen. »Hätte der Zauber noch einige Tage länger angehalten«, schrieb er später an Frau von Stein, »so hätte ich gewiß alle Verhältnisse vergessen und mir ohne Zweifel eingeredet, daß ich in einer anderen Welt lebe«. Er dankte seiner Wohltäterin überschwenglich und fügte hinzu, er sei durch die Zeit in Kochberg gesegnet.

Lenz kehrte nach Weimar zurück. Er war sich darüber im Klaren, daß Goethe bald seinen Platz in Kochberg einnehmen werde. Bewunderung und Neid erfüllten ihn für den Freund. Er versuchte es ihm gleich zu tun, sich hervorzuheben. Ungelenk und hochmütig begegnete er dem Herzog, der Herzogin. Bald waren seine »Eseleien« und »Affenstreiche« in aller Munde und man belächelte ihn wie ein unvernünftiges Kind. Da er, anders als Goethe, mittellos war, lebte er auf Kosten des Hofes im Posthaus »Zum Erbprinzen«. Seine Schauspiele brachten nicht viel ein. Als Beamter war er kaum zu gebrauchen.

Daß der Jugendfreund die gleiche Frau verehrt, hatte Goethe um ihretwillen in sich vergraben. Nun aber, da er ihn auch noch in seine lächerlichen Affären zog, wurde er wütend und stieß Lenz von sich. Enttäuscht verließ dieser Weimar. Später versuchte er dem Größeren, Glücklicheren öffentlich zu schaden. Aber auch dabei blieb ihm der Erfolg versagt. Doch bis ans bittere Ende fiel immer wieder ein Sonnenstrahl in seine von dunklen Gespenstern erfüllte Seele, wenn er an die Tage in Kochberg dachte.

Goethe gewann die Freundin wieder. Mehr als zehn Jahre folgten, wechselnd für beide in Glück und Schmerz. Noch manche unvergeßliche Stunde verlebte der Dichter im Zauberschloß der Frau von Stein. So jene Kirmesfeier, da er nach einem Trunk guten Dorfbieres und fröhlichem Tanz unter der Dorflinde zusammen mit dem Komponisten Methfessel rasch ein lustiges Stücklein aufgesetzt und vertont hatte, genannt »Die Dorfkirmse«, das abends im Schloß unter großem Beifall aufgeführt wurde.

Nach Goethes Rückkehr aus Italien kam es zum endgültigen Bruch mit Frau von Stein. Die Freundin konnte ihm nicht verzeihen, daß er sie 1786 nicht in seine Reisepläne eingeweiht hatte und daß er anderthalb Jahre von ihr fern geblieben war.

Ein letztes Mal weilte Goethe in Kochberg. Es war im September 1788. Er hatte lange gezögert mit diesem Besuch. Ahnte er, daß es der letzte sein werde? Er hatte sich entschuldigt mit Unwohlsein, dann mit dem schlechten Wetter. Nun war er doch gekommen. Zusammen mit Sophie von Schardt, Karoline Herder und dem kleinen Fritz, Charlottes Lieblingssohn. Aber die Freundin behandelte ihn kühl, beinahe abweisend. Sie empfing ihn »ohne Herz«, wie Karoline Herder in einem Brief an ihren Mann schrieb. Tief verstimmt begleitete Goethe am folgenden Sonntagmorgen die Frauen nach dem anderthalb Stunden entfernten Rudolstadt, wo die Familie Lengefeld besucht wurde. Im Hause der Lengefelds lernte er bei dieser Gelegenheit Friedrich Schiller kennen, der hier zu Gast weilte.

Das Verhältnis zur schönen Oberstallmeisterin sollte nicht mehr gesunden. Auch in Weimar sahen sich die Beiden nur noch selten. Goethes Zimmer im Kochberger Schloß, wo er gearbeitet und gedichtet hatte, alle Fähigkeiten durch *ihre* Gegenwart angespornt, stand fortan leer.

Zweihundert Meter über der Saale erhebt sich bei Kahla auf dem isolierten Kegel des Lichtenberges die im Jahre 1221 erstmals urkundlich erwähnte Leuchtenburg. Von dem steilen, allseits abfallenden Berg, auf dem die weithin sichtbare »Königin des Saaletales« thront, bieten sich herrliche Ausblicke in das reizvolle thüringische Bergland beiderseits der mittleren Saale.

So romantisch die Burg heute auch anmuten mag – in der Vergangenheit war sie für ihre Bewohner nicht immer ein angenehmer Aufenthaltsort. Von hörigen Bauern und abhängigen Handwerkern in mühevoller Fronarbeit errichtet, diente sie zunächst den Herren von Lobdeburg-Leuchtenburg als Herrschaftssitz und Machtzentrum, mit dessen Hilfe sowohl die alteingesessenen sorbischen als auch die neu angesiedelten deutschen Bauern niedergehalten wurden. Darüber hinaus bot die Burg, welche damals schon starke Mauern und Bollwerke besaß, ihren Besitzern Schutz bei den zahlreichen adligen Fehden jener Zeit.

Nach raschem Emporkommen gerieten die Lobdeburger Territorialherren jedoch durch Kriege, Mißernten, den offenen oder versteckten Widerstand der Bauern und den durch Hunger und Seuchen bedingten Bevölkerungsrückgang zunehmend in wirtschaftliche Schwierigkeiten. Zunächst mußten sie die Lehnshoheit der Landgrafen von Thüringen anerkennen. Da sich die Lage nicht besserte, sahen sich die Vettern Albrecht und Johannes von Lobdeburg-Leuchtenburg schließlich 1333 gezwungen, »das Haus Leuchtenburg an und über dem Saalstrom auf einem sehr hoch und helleuchtenden Gebirge, Schloß und Stadt Kahla, die Stadt Roda und die Stadt Rabensberg« an die beiden Brüder Heinrich IX. und Günther XVIII. von Schwarzburg zu veräußern.

Die Grafen von Schwarzburg bemühten sich ebenso wie die thüringischen Landgrafen aus dem Hause Wettin um den Erwerb des für die Ausdehnung ihrer Herrschaft wichtigen mittleren Saaletales. Im 1345 ausbrechende »Thüringer Grafenkrieg« zogen sie allerdings den Kürzeren. Sie behielten aber vorerst noch die Leuchtenburg, auf die Landgraf Friedrich der Ernsthafte mit seinen Truppen keinen Angriff gewagt hatte, während das Gebiet zwischen Kahla und Rudolstadt von seinen Kriegern schwer verwüstet worden war.

Dreißig Jahre später zerstörte ein verheerender Brand das Bauwerk. Die Schwarzburger begannen zwar mit der Wiederherstellung, gerieten aber bald darauf in Geldnot und verpfändeten die Burg an einen reichen Erfurter Bürger. Der setzte seinen Schwiegersohn Heinrich von Witzleben als Verwalter ein. Heinrich von Witzleben fühlte sich als unumschränkter Burgherr. Als er einen Bauern beim Fischen in einem der Teiche überraschte, die zum

Leuchtenburger Gebiet gehörten, befahl er kurzerhand, den Übeltäter aufzuhängen.

Die Wettiner, welche seit dem Jahre 1329 die hohe Gerichtsbarkeit in der Leuchtenburger Pflege ausübten, faßten den durch Heinrich von Witzleben begangenen Willkürakt als Eingriff in ihre Hoheitsrechte auf. Ein wettinisches Heer belagerte die Burg und erstürmte sie nach drei Tagen.

Seitdem gehörte die Leuchtenburg zum Machtbereich des wettinischen Herrscherhauses. Lange Zeit bildete sie den Verwaltungsmittelpunkt eines Amtes, dem die Pflegen Leuchtenburg, Roda und Orlamünde angehörten und das mehr als 120 größere und kleinere Orte umfaßte.

Herzog Wilhelm III. von Sachsen ließ die Burg durch Einfügen der heute noch erhaltenen Wehrtürme in die Umfassungsmauern zur Festung ausbauen. Doch schon im Dreißigjährigen Krieg besaß die Anlage keine militärische Bedeutung mehr. Den Bewohnern des Saaletales bot sie lediglich Zuflucht vor räubernden Landsknechtshorden.

Bis zum Beginn des achtzehnten Jahrhunderts blieb die Leuchtenburg Verwaltungssitz. Seit 1724 war in dem nunmehr zum Fürstentum Altenburg gehörenden Bauwerk ein Zucht- Irren- und Waisenhaus untergebracht.

Damit begann eines der dunkelsten Kapitel der Burggeschichte.

Anfangs von dem Gedanken getragen, den barbarischen mittelalterlichen Strafvollzug humaner zu gestalten, die Missetäter umzuerziehen und in die Ge-

Die Leuchtenburg.
Lithographie von 1844.

sellschaft wiedereinzugliedern, geriet die Zuchthausstrafe jedoch sehr bald in eine neue inhumane Sackgasse. Ketten und körperliche Strafen, schwerste Arbeiten bei mangelhafter Verpflegung, Kerkerhaft und andere Zwangsmaßnahmen gehörten zum Alltag auf der Leuchtenburg. Für Neuankömmlinge war das »Willkommen« gebräuchlich: Es bestand aus sechs Karbatschenhieben. Nach Fluchtversuchen wurde diese Zahl in der Regel auf fünfundzwanzig erhöht. Das von der Burg in die Stadt Kahla verlegte Kreisamt bestimmte, welche Fesseln der Gefangene zu tragen hatte, ob er in Einzelhaft gehalten werden sollte und welche Arbeiten er ausführen mußte. Während der dreizehnstündigen täglichen Arbeit, beim Gebet in der Kirche und auch nachts trugen viele Sträflinge Ketten. Diese Tortur wurde erst 1869 abgeschafft.

Fabrikanten hatten im Zuchthaus Filialen eingerichtet, wo die billig zur Verfügung stehenden Arbeitskräfte hohe Gewinne versprachen. Die Strafanstalt kassierte einen monatlichen Anteil von etwa hundert Talern.

Keiner der auf der Burg in Gewahrsam genommenen Häftlinge durfte untätig sein. Irre und aufgegriffene Bettler, die man bezeichnenderweise in einer Anstalt mit Schwerverbrechern hielt, verrichteten Botengänge oder Hausdienste oder mußten in Kahla die Straßen fegen. Die eigentlichen Sträflinge waren beim Straßenbau, Spinnen, Wollekämmen, Federschleißen oder Zigarrenwickeln beschäftigt, manche fertigten Flecht- und Holzarbeiten an, wieder andere waren in der Kahlaer Porzellanmanufaktur tätig. Als Zahlungsmittel galten innerhalb der Festungsmauern eigens hergestellte Kupfermarken, die ab 1834 den Gefangenen als Lohn ausgezahlt wurden – Geld wollte man ihnen offenbar nicht in die Hand geben, um nicht Bestechung oder Fluchtversuchen Vorschub zu leisten.

Solche Befürchtungen waren durchaus berechtigt. Die unmenschlichen Haftbedingungen, die nichts mehr mit dem ursprünglichen Besserungsgedanken gemein hatten, das häufige Verhängen von Dunkel- und Kastenarrest, Haft in der Hockzelle, der Entzug der halben Brotration bei geringsten Unstimmigkeiten führten zu zahlreichen Ausbruchsversuchen. In den ersten hundert Jahren des Bestehens der Leuchtenburger Haftanstalt versuchten nicht weniger als 194 Gefangene zu entkommen.

Nicht immer ging es dabei so dramatisch zu wie an jenem 15. Juli 1819, als gleich dreizehn Sträflinge, angeführt von einem gewissen Schlenzig aus Altenburg, zu entwischen trachteten.

Wie üblich, wurden die Sträflinge auch an diesem Tag abends gegen acht Uhr von mehreren Wächtern aus den Arbeitsstuben in ihre Unterkünfte zurückgeführt. Als die Wächter Schlenzig aufforderten, in seine Zelle einzutreten, ergriff dieser eine zuvor heimlich von seinem Bettgestell abgebrochene Latte und schlug damit sowohl den Zuchtmeister Wächter als auch den Hausverwalter Berneder nieder. Mit dem Unteroffizier Bierling kam es zu einem kurzen Ringen, doch Schlenzig traf den Gegner heftig am Kopf, und Bierling brach zusammen. Dies war das Signal für die zwölf Mitverschworenen des Altenburgers. Sie stürzten sich auf die Wache im Haus, welche nur aus wenigen Leuten bestand, und es gelang ihnen, die Wachmannschaft zu entwaffnen. Mit den Waffen versehen, rannten die Sträflinge zur Tür des Gebäudes. Dort stießen sie auf sechs eben eintretende unbewaffnete Soldaten, die nach der Ursache des ungewöhnlichen Lärmes forschen wollten. Überrascht und sogleich von den Sträflingen attackiert, flohen die Soldaten in die Wachstube. Die Angreifer stürmten die Wache, ergriffen ein paar dort stehende Gewehre und eilten weiter zum Haupttor. Hier schlugen sie mit einer Radehacke die Schlösser und Riegel ab. Schlenzig, der Kühnste der Rebellen, deckte, bis das Tor aufgebrochen war, die Flucht mit vorgehaltenem Gewehr. Um die Burgbesatzung einzuschüchtern, schoß er seine Flinte in die Wachstube hinein ab, wohin sich die Soldaten und der verletzte Hausmeister zurückgezogen hatten. Dann floh er mit seinen Gefährten den steilen Burgberg hinunter.

Im Seitenrodaer Grund stießen die Flüchtenden auf einen hohen Wildzaun, den die Bauern zum Schutz ihrer Felder errichtet hatten.

Jetzt ertönte von der Burg her auch schon die Sturmglocke; das Schießen und Geschrei der die Verfolgung aufnehmenden Soldaten mobilisierte die Bauern im benachbarten Dorf Seitenroda. Eine Gruppe von ihnen, teils mit Flinten, teils mit Knüppeln bewaffnet, entdeckte die Sträflinge, welche eben dabei waren, eine Bresche in den Wildzaun zu schlagen. Aufforderungen, sich zu ergeben, beantworteten die Ausbrecher mit Hohnrufen und Steinwürfe.

»Jetzt gilt es, Brüder!« rief Schlenzig, als die ersten Soldaten auftauchten, »Leben oder Tod!«

Langsam folgte er seinen Gefährten, die nacheinander durch die Öffnung im Wildzaun hindurchkrochen. Das Gewehr hatte er schußbereit im Anschlag. Diese entschlossene Geste beeindruckte die Bauern. Sie wagten sich nicht näher heran, zumal ihnen nicht entgangen war, daß die Sträflinge außer einem Säbel und einer Hacke mehrere Gewehre besaßen.

Doch einer der Soldaten, die von der Leuchtenburg herabgekommen waren, rief den Bauern zu, Schlenzigs Waffe sei nicht geladen.

Da ergriff ein junger, kräftiger Knecht mit Namen

Hermann einen kurzen Pfahl und schleuderte ihn nach Schlenzig. Er traf den Sträfling heftig am Arm, nutzte dessen Verwirrung und warf sich auf ihn. Die Beiden rangen verbissen; Schlenzig, bereits verletzt durch den Wurf, mußte das Gewehr fahrenlassen und wurde schließlich ganz niedergeworfen.

In der Zwischenzeit waren aus dem Dorf noch mehr Bauern hinzugekommen. Auch die Soldaten von der Burg waren alle eingetroffen. Gemeinsam griffen beide Gruppen die Sträflinge an, welche sich jedoch hartnäckig verteidigten. Das steigerte insbesondere die Wut und Erbitterung der Seitenrodaer Bauern, von denen mehrere bereits schwere Wunden davongetragen hatten. Einer der Bauern streckte den Strafgefangenen Georg Joseph Fischer aus Naschhausen mit einem Flintenschuß eben in dem Moment nieder, als dieser einen Soldaten mit dem Säbel angriff. Ein anderer Soldat erhielt einen Bajonettstich in den Oberschenkel.

Im Schutz der zunehmenden Dunkelheit gelang es drei Sträflingen, sich unbemerkt davonzumachen. Es waren dies Christoph Michael Fischer aus Naschhausen, ein Bruder des Niedergeschossenen, Johann Jacob Seiler aus Neumark, der vorher schon zwei vergebliche Fluchtversuche unternommen hatte, und Christian August Kahn aus Lichtentanne. Die übrigen Sträflinge wurden schließlich überwältigt und auf die Leuchtenburg zurückgebracht.

Keiner von ihnen war unverletzt, einer verblutete beinahe infolge eines auf ihn abgegebenen Schusses, der seine Fußarterie aufgerissen hatte.

Die Revolte hatte siebzehn Verwundete gekostet und einen Toten – jenen Georg Joseph Fischer aus Naschhausen. Auch zwei unbeteiligt gebliebene Strafgefangene, die am Anfang dem Hausverwalter zu Hilfe kommen wollten, hatten Verletzungen davongetragen.

Man darf sich nicht vorstellen, daß nur ausgesprochene Verbrecher oder Tollhäusler auf der Leuchtenburg eingekerkert waren. Bereits für leichte Vergehen konnte man auf die Feste geschickt werden, für Vergehen, die oft bloß aus Hunger und Not begangen wurden. In einem Erlaß für das Fürstentum Altenburg vom 5. Juli 1772 heißt es: »Soll sich niemand unterfangen freventlich und diebischer Weise die in den Feldern stehenden Ähren abzuschneiden, bei Zuchthausstrafe mit starkem Willkommen oder nach Befund anderer harter Leibesstrafe«.

Daß die Leuchtenburg daher bei großen Teilen der armen Land- und Stadtbevölkerung nicht im besten Ruf stand, ist begreiflich – vor allem, seit 1848 eine starke Militäreinheit hinter ihre Mauern verlegt wurde, um etwa ausbrechende revolutionäre Unruhen in Kahla und Umgebung sofort unterdrücken zu können.

Noch heute erinnern im Burgmuseum Halseisen, Fußfesseln und schwere Ketten an die Zuchthauszeit. Ansonsten aber ist aus der »altenburgischen Bastille«, wie die Burg einmal genannt wurde, die vielbesuchte »Königin des Saaletales« geworden.

Gegen Abend des 7. Juli 1828 näherte sich eine große, bequeme Reisekalesche, aus Jena kommend, dem kleinen Weiler Dorndorf, der sich am Fuße des Dornburger Felsens in die baumbewachsenen Auen des Saaletales kauerte. Einziger Insasse des Fahrzeuges war der Herr Geheimrat Goethe. Voll tiefgefühlter Wehmut ruhte sein Blick auf den drei Schlössern, die hoch oben am Felsen gleich Schwalbennestern klebten. Im Licht der Abendsonne leuchteten sie wie Juwelen, ins Grün der Terassen und Gärten gefaßt.

Mehr als fünfzig Jahre war es her, seit der Geheimrat als junger Mensch Dornburg zum ersten Mal gesehen hatte. Damals hatte ihn Carl August, der kürzlich verstorbene Freund, hierher geführt. Im Oktober war's. Beschwerlich war der Weg von Apolda aus gewesen, und die Pferde waren müde. Die steilen Hänge des Saaletales lagen im Gold des Herbstes.

»Du führst mich einen schlimmen Weg. Wird's sich lohnen?« hatte Goethe mißmutig den fürstlichen Freund gefragt. Mit den Gedanken war er bei seiner Charlotte in Kochberg gewesen.

»Warte nur ab«, lachte der Herzog, »wenn wir oben sind, wirst du's sehen«.

Er hatte nicht zuviel versprochen. Goethe, empfänglich für landschaftliche Schönheit, war tief beeindruckt. Soviel Reiz hatte er nicht erwartet: die steile, felsige Berglehne, deren Terrassen über dem grünen Tal zu schweben schienen; der Fluß, dessen Mäander aus der dämmrigen Tiefe heraufschimmerte; die Wiesen, die goldfarbenen Stoppeläcker, Dächer von Bauernhöfen dazwischen, die waldbesetzten Hänge. Hoch über dieser Welt thronten wie verwunschen die Schlösser, in ihren Fenstern spiegelten sich Himmel und Wolken, auf ihren Dachfirsten sangen die Vögel. Und dann dieser Kontrast: die alte Burg, grau und massig, am Rande des Berges, wo Kaiser Hof gehalten hatten. Daneben das zierliche, fast wie ein Spielzeug zwischen die Terrassen gesetzte Rokokoschlößchen.

Zwischen sieben und acht Uhr abends hielt die Reisekalesche des Geheimrats Goethe vor dem Renaissanceportal des ehemals Stohmannschen Herrenhauses. 1774, bei Goethes erstem Besuch, hatte das Freigut noch nicht zur herzoglichen Domäne gehört. Erst 1824 war es von Carl August gekauft worden, nachdem der vorherige Besitzer gestorben war.

Der Hofgärtner Karl August Christian Sckell empfing den Greis und geleitete ihn in sein Zimmer. Sckell kannte Goethe von früher her; seinem Rat folgend hatte er in Göttingen Botanik studiert, unterstützt von dem verstorbenen Herzog, der ihn mochte. 1823 wurde ihm die Aufsicht über die Gärten von Dornburg und die Stelle des Kastellans der Schlösser übertragen.

Sckell, ebenfalls von der Todesnachricht tief

Goethe im Alter von 80 Jahren.

getroffen, konnte sich, als er Goethe ansprach, der Tränen nicht enthalten.

»Ja, Sie weinen. Ich weiß, warum Sie weinen«, sagte der Geheimrat, Sie haben auch viel an unserem guten Großherzog Carl August verloren. Aber geben Sie sich zufrieden, denn auch der jetzige Großherzog Carl Friedrich ist ein liebenswürdiger, guter Fürst und wird Sie gewiß nicht verlassen«.

Als er dies sprach, kamen auch Goethe die Tränen. Er vertraute dem Kastellan an, daß er nach Erhalt der Todesnachricht ein paar schlimme Tage in Weimar verbracht habe. Seines Bleibens sei deshalb dort nicht länger gewesen, und er habe in Jena Zuflucht gesucht. Aber auch dort habe er keine Ruhe finden können, und da ihm der selige Großherzog wiederholt aufgefordert, einen zeitweiligen Aufenthalt in Dornburg zu nehmen, so wolle er nun von diesem Anerbieten Gebrauch machen. Nur hier, in der Einsamkeit, inmitten einer freundlichen Natur, werde er wohl wieder zu sich selbst finden können.

Sie hatten indessen die Wohnung erreicht, die Sckell für den hohen Gast vorbereitet hatte. Es handelte sich um die sogenannte »Bergstube« im ersten Stockwerk des Stohmannschen Schlosses. Die Bergstube lag in der Südwestecke des altehrwürdigen Baues. Es war ein schlichtes Zimmer mit drei Fenstern nach Süden und einem nach Westen. Der Fußboden bestand aus rohen Holzdielen, die Balkendecke war niedrig, die Wände hatte man grau getüncht. Auch die Möbel waren einfach – ein Arbeitstisch, ein Sekretär, ein paar Stühle und ein Tischchen zwischen den Fenstern – das war alles. Aber es war reinlich und sauber hier. Und vor allem: Die Fenster gewährten einen herrliche Ausblick ins Saaletal. Man betrat die Bergstube durch ein kleines Vorzimmer, in dem Goethe später vertraute Besucher empfing. Hinter der Bergstube lag die Schlafkammer, durch eine niedrige Tür mit dem Hauptraum verbunden. Ein schmales Bett stand in diesem Gelaß, ein grünbezogenes Sofa, zwei oder drei Stühle, ein

Schrank. Über dem Bett hingen etliche Silhouettenbilder an der Wand. Auf die Frage Sckells, ob der Herr Geheimrat mit dieser Unterkunft einverstanden sei, antwortete dieser freundlich bejahend.

Unzufrieden war Goethe anfangs mit der ihm gebotenen Verpflegung. Früh sechs Uhr erhielt er

Carl August, Herzog von Sachsen-Weimar.

Kaffee aus der Küche der Familie des Kastellans. Frühstück und Mittagessen holte ein Diener aus dem Dornburger Ratskeller. Bald wurde Goethes Sekretär John bei Sckell vorstellig und teilte ihm mit, daß seinem Herrn die Portionen aus dem Ratskeller nicht behagten. Der Kastellan schlug daraufhin vor, das Essen künftig bei dem Gastwirt »Zum Schieferhof« zu holen. Dieser Vorschlag wurde angenommen. Aber nicht lange dauerte es, und John kam wieder zum Kastellan. Der Kaffee sei zwar sehr gut, teilte der Sekretär im Auftrag seines Gebieters mit, aber bei dem Essen könne der Herr Geheimrat nicht bestehen. Der Hofmarschall von Spiegel habe ihm zugesichert, er brauche sich wegen der Verpflegung nur an den Herrn Kastellan zu wenden. Sckell, wiewohl wenig erbaut von dieser neuen Pflicht, sah sich genötigt, nicht nur Goethe, sondern auch dessen Sekretär und Kutscher zu verköstigen. Er schickte in die umliegenden Dörfer nach Geflügel, nach Fischen und Gemüse. Aus Tautenburg ließ er von dem Leibjäger Ciliax Wildbret beschaffen. Sckells Frau übernahm die Zubereitung der Speisen. Schon während des ersten Frühstücks äußerte sich der Geheimrat lobend: »Das ist ein guter Anfang!« Bei dem aus fünf Gängen bestehenden Mittagessen meinte er: »Das lasse ich mir gefallen! Sage Sckell, er solle so fortfahren«.

In der Regel stand Goethe früh um sechs Uhr auf und trank seinen Morgenkaffee. Um sieben Uhr fand sich sein Sekretär bei ihm ein, dem er bis acht oder halb neun diktierte. Dann ging der Geheimrat

Dornburg.
Holzschnitt um 1860.

auf den Terassen oder im Park eine Stunde spazieren. Das war sein eigentliches Reich: die Natur, die sich im Sonnenlicht herrlicher Sommertage badete. Er lebte eigentlich gar nicht in seinen schlichten engen Kammern droben im ersten Stockwerk des Stohmannschen Herrenhauses. Er lebte hier draußen, auf den Terassen über dem lieblichen Tal, zwischen Bäumen und Blumen und all' den anderen Geschöpfen, die den Park und den »Hain« bevölkerten. Lebensvoll, lebensprall waren diese heißen Julitage, so fern dem unbarmherzigen Tod, als gäbe es kein Ende in der Welt. Hier fand der Greis Linderung für den großen Schmerz, den er aus Weimar

Portal des Goethe-Schlosses.
Nach einer Zeichnung von J. v. Kulas.

mit in die Einsamkeit gebracht hatte. Wie unendlich war doch die Natur, wie tief und weit, und wie armselig nahm sich vor dieser Weite, dieser Vielfalt und Herrlichkeit, des Menschen Streben und Leiden aus? In sein Tagebuch notierte der Geheimrat: »Früh in der Morgendämmerung das Tal und dessen aufsteigende Nebel gesehen. Bei Sonnenaufgang aufgestanden. Ganz reiner Himmel, schon zeitig steigende Wärme …« Und immer wieder findet man in seinen Aufzeichnungen die Bemerkung: »Auf den Terrassen spaziert«. An seinen Freund Zelter schrieb er am 10. Juli 1828: »Die Aussicht ist herrlich und fröhlich, die Blumen blühen in wohlunterhaltenen Gärten, die Traubengeländer sind reichlich behangen, und unter meinem Fenster sehe ich einen wohlgediehenen Weinberg …«

Morgen- und Abendstunden waren Goethe die schönste Zeit in Dornburg. Seinem treuen Eckermann, der ihn wöchentlich zweimal in seiner Abgeschiedenheit besuchen kam, teilt er mit: »Ich verlebe hier so gute Tage wie Nächte. Oft vor Tagesanbruch bin ich wach und liege im offenen Fenster, um mich an der Pracht der jetzt zusammenstehenden drei Planeten zu weiden und an dem wachsenden Glanz der Morgenröte zu erquicken. Fast den ganzen Tag bin ich im Freien, halte geistige Zwiesprache mit den Ranken der Weinrebe, die mir gute Gedanken sagen und wovon ich wunderliche Dinge mitteilen könnte. Auch mache ich wieder Gedichte, die nicht schlecht sind, und möchte überall, daß es mir vergönnt wäre, in diesem Zustande so fortzuleben«. Eckermann fügt hinzu: »Er schien sehr glücklich zu sein und konnte nicht unterlassen, seinen Zustand und die herrliche Lage der Schlösser und Gärten wiederholt zu preisen. Und in der Tat hat man aus den Fenstern von solcher Höhe hinab einen reizenden Anblick. Unten das mannigfach belebte Tal mit der durch Wiesen sich hinschlängelnden Saale. Gegenüber nach Osten waldige Hügel, über welche der Blick ins Weite schweift …«.

Außer Eckermann fand sich auch reichlich anderer Besuch auf Dornburg ein. Nach seinem Morgenspaziergang blieb dem greisen Geheimrat oft nicht viel Zeit, um sein Frühstück einzunehmen und dem Sekretär noch ein wenig zu diktieren. Zuweilen trafen die Besucher schon früh ein. Regelmäßig kamen solche gegen elf Uhr und wurden dann oft zur Mittagstafel geladen. »Die Tafel begann gewöhnlich um halb zwei Uhr und dauerte bis vier Uhr«, berichtet Sckell. »Dann reisten die Fremden sofort ab. Eine Ausnahme machten bisweilen Goethes Sohn und der Landesdirektionsrat Töpfer, welche um fünf Uhr ankamen und bis neun, wohl auch zehn Uhr blieben«. Zusammen mit Eckermann kam oft Goethes Schwiegertochter Ottilie mit ihren beiden Kindern. Die Anwesenheit der Kinder machte den Greis froh und erfüllte ihn mit großväterlichem Behagen. Ottilie brachte gelegentlich Gemüse oder Backwerk mit. Aus den Torten und Plätzchen machte sich Goethe nicht viel, aber zufrieden war er jedesmal über den Blumenkohl, den er gern aß und der in Dornburg nur schwer aufzu-

Dornburg. Gartenfassade des Rokokoschlosses.
Nach einer Zeichnung von J. v. Kulas.

treiben war. Auch andere Besuche erfreuten ihn, die er im Garten, manchmal im Rokokoschlößchen, entgegennahm. So kamen die beiden jungen Herzöge Arthur Richard und Charles von Wellington und erwiesen ihm ihre Reverenz. Soret brachte den jungen Erbgroßherzog Carl Alexander von Weimar mit. Der Kanzler Müller kam ebenfalls. Mit ihm mag Goethe Erinnerungen an die bewegte Franzosenzeit ausgetauscht haben. Mitunter fanden sich sechs bis zehn Personen zu Mittag ein, so daß der brave Kastellan Mühe hatte, ein Menü zusammenzustellen und alle Zutaten in der Eile herbei zu schaffen.

Wenn der Besuch fort war und Ruhe in den Park und die Schlösser einkehrte, begab sich Goethe wieder auf die Terassen oder in den Garten, wo er bis gegen halb sechs Uhr auf und ab ging und sich mit naturkundlichen Studien befaßte. Anschließend aß er eine Semmel und trank ein Viertel Moselwein. Eine Woche lang hatte er es mit jungem Dornburger Rotwein versucht, dieser war ihm aber nicht bekommen, und er wechselte wieder zu seinem geliebten Mosel. Auch die Bediensteten des Geheimrats unterschätzten die Wirkung des Dornburger Rebenblutes. Eines Tages ging Sckell mit dem Sekretär John und Friedrich, dem Diener, hinunter nach Dorndorf, um für die Tafel einzukaufen. Bei einem Weinbergbesitzer tranken sie ein Glas Wein. »Der Stoff mundete«, wie Sckell erzählt, und man blieb länger sitzen als vorgehabt. Als die drei Männer endlich aufbrachen, hatte der Kastellan Mühe, seine beiden Begleiter nach Hause zu bringen. »Sie hatten nicht geglaubt, daß der Dornburger Wein auch zu Kopfe steigen könne«, vermerkt er. Sckell war heilfroh, als er die Beiden in ihrem Zimmer wußte. Sie waren nicht mehr für den Dienst zu gebrauchen. Als Goethe nach Friedrich rief, damit dieser ihm das Nachtlicht anzünde, lag der Gerufene bereits in tiefem Schlaf. Der Kastellan, dem das Gewissen schlug, ging sogleich zum Geheimrat hinauf und fragte, was zu Befehl stehe. »Friedrich ist noch nicht dagewesen, um das Licht anzuzünden«, antwortete Goethe beunruhigt. »Wo mag er sich nur herumtreiben?« Sckell zündete die Kerze an und ging wieder. Wenig später rief der Geheimrat nicht nur nach dem Diener, sondern auch nach dem Sekretär. Keiner der beiden hörte. Wieder begab sich Sckell in die Bergstube. »Ich will ausgekleidet sein und mich zur Ruhe begeben. Wo sind die beiden nur? Es läßt sich ja keiner hören und sehen«. Der Kastellan bot statt der Bediensteten seine Hilfe an, die jedoch höflich abgelehnt wurde. Die Nacht über fand Sckell wenig Ruhe; er fürchtete, Goethe werde sehr ungehalten sein, wenn er den wahren Sachverhalt erführe. Früh ging er als erstes zu den beiden Angestellten, »welche tags zuvor so durstige Kehlen gehabt hatten«. Er fand sie frisch und munter. Doch als er ihnen mitteilte, daß Goethe am Vorabend zweimal vergebens nach ihnen gerufen hatte, wurden sie unruhig. Besonders Friedrich schien erschrocken zu sein. Bald darauf rief ihn Goethe und befahl, den Kaffee zu bringen. Friedrich wurde bleich im Gesicht, und die Knie schlotterten ihm. Neugierig, was

Goethe wohl sagen werde, schlich sich Sckell hinter dem Diener her und blieb horchend an der Tür stehen. Er hörte, wie der Geheimrat sprach: »Na, na, Friedrich, du zitterst ja wie ein armer Sünder! Setze nur das Kaffeebrett ab, sonst lässest du es noch fallen. Nicht wahr, du glaubst, ich würde dich recht auszanken. Das tue ich nicht. Du hast wohl deine Strafe schon bekommen ... Setz' nur ab und gehe. Es ist abgemacht«. Hocherfreut, ohne ernsten Verweis davongekommen zu sein, verließ Friedrich das Zimmer.

Zum Geburtstag des Herrn Geheimrates, am 28. August, hatten die Gartenarbeiter einen Kranz gewunden, ihn mit einer komischen Inschrift versehen und über dem Hausportal aufgehängt. Freudig erregt bemerkte Goethe früh den Kranz beim Heraustreten und lachte über die Inschrift. Der Kastellan erhielt den Auftrag, die Arbeiter herbeizuholen. Doch nur der großherzogliche Gartenknecht kam. Goethe dankte ihm für die bewiesene Aufmerksamkeit und schenkte ihm einen blanken Dukaten. Auch für die übrigen Arbeiter gab er ein Geldgeschenk mit.

Der Sommer ging, der Herbst brach an. Die Tage wurden kürzer. Die Wipfel der Bäume im Park begannen sich rostrot und golden zu färben. Immer öfter meldet Goethes Tagebuch Regen und Nebel. Abends blieb der Geheimrat jetzt meist auf seinem Zimmer. Er las Herzogs »Geschichte des thüringischen Volkes«, dann eine Abhandlung über die Jacquerie, den berühmten Bauernaufstand in Frankreich, befaßte sich mit Bergbau und Mineralkunde, bearbeitete eingegangene Korrespondenz oder unterzeichnete am Tage diktierte Briefe.

Der Tag des Abschieds von Dornburg nahte. Obwohl das Wetter noch unbeständiger wurde, fiel die Trennung schwer. »Versuchte mich immer mehr abzulösen«, steht in Goethes Tagebuch am 10. September. Durch tagelanges Packen hatte er den endgültigen Aufbruch immer wieder hinausgezögert. Donnerstag dann, dem 11. September, verließ er Dornburg. »Schmerzlich trat ich hinein, getrost entfern' ich mich wieder ...«, sagt sein Abschiedsdistichon. Eckermann erzählt für denselben Tag: »Heute zwei Uhr, bei dem herrlichsten Wetter, kam Goethe von Dornburg zurück. Er war rüstig und ganz braun von der Sonne. Wir setzten uns bald zu Tisch, und zwar in dem Zimmer, das unmittelbar an den Garten stößt und dessen Türen offenstanden. Er erzählte von mancherlei gehabten Besuchen und erhaltenen Geschenken und schien sich in zwischengestreuten leichten Scherzen zu gefallen. Blickte man aber tiefer, so konnte man eine gewisse Befangenheit nicht verkennen, wie sie derjenige empfindet, der in einen alten Zustand zurückkehrt, der durch mancherlei Verhältnisse, Rücksichten und Anforderungen bedingt ist«.

Zweimal noch weilte Goethe für jeweils kurze Zeit in Dornburg. Der letzte Besuch fiel in den Monat August des Jahres 1830. Beim Abschied nahm der Geheimrat die Hand des Hofgärtners und Kastellans Sckell fest in die seine. »Das wird nun wohl das letzte

Mal gewesen sein, daß ich Sie besucht habe«, sagte er, »aber Sie können mich in Weimar besuchen«.

Sckell bedankte sich und versprach einen Besuch, sobald ihn seine Geschäfte nach Weimar führen würden.

»Nun, lieber Freund, wenn das nicht der Fall sein sollte«, fuhr Goethe fort, »so leben Sie wohl! Der liebe Herrgott erhalte Sie und die lieben Ihrigen noch viele Jahre recht gesund«. Er wandte den Blick zum Himmel und schloß, mit einer Träne im Auge: »Dort oben finden wir uns wieder«.

QUELLENVERZEICHNIS

Bode, Wilhelm: Charlotte von Stein. Berlin 1917

Eckermann, Johann Peter: Gepräche mit Goethe. Leipzig 1908

Förster, Jürgen: Schloß Kochberg. Goethe-Gedenkstätte. Weimar 1989

Haufschild, Regina und Kurt: Geschichte der Leuchtenburg und Seitenrodas. Festschrift zur 750-Jahr-Feier. Leuchtenburg 1974

Kronfeld, J. C.: Heimathskunde von Thüringen. Neuauflage der Ausgabe von 1861. Arnstadt 1990.

Kühnlenz, Fritz: Burgenfahrt im Saaletal. Rudolstadt 1974

Rein, Berthold: Auf der Heidecksburg. Thüringer Heimatbücher, Band 3. Rudolstadt 1926

Rudolstadt, eine Residenz in Thüringen. Leipzig 1993

Schiller, Friedrich von: Herzog Alba bei einem Frühstück auf dem Schlosse zu Rudolstadt 1547. In: Friedrichs von Schiller sämtliche Werke, Band 17. Stuttgart und Tübingen 1825

Schulze, Kurt: Das Altenburger Schloß. Beiträge zur Altenburger Heimatkunde, Heft 2. Altenburg 1960

Sckell, Karl August Christian: Goethe in Dornburg. Gesehenes, Gehörtes und Erlebtes. Leipzig und Jena 1864

Sternaux, Ludwig: Goethe in Dornburg. Berlin-Lichterfelde 1919

Walther, Oscar: Beitrag zur Lebensgeschichte der Gräfin Katharina der Heldenmütigen zu Schwarzburg, geb. Fürstin zu Henneberg-Schleusingen. Zeitschr. d. Vereins f. thüringische Geschichte u. Altertumskunde, Band 8. Jena 1890

Warsitzka, Wilfried: Herzog Christian von Sachsen und der Bau der Schloßkirche zu Eisenberg. Jena 1992